위안부 문제를
아이들에게
어떻게 가르칠까?

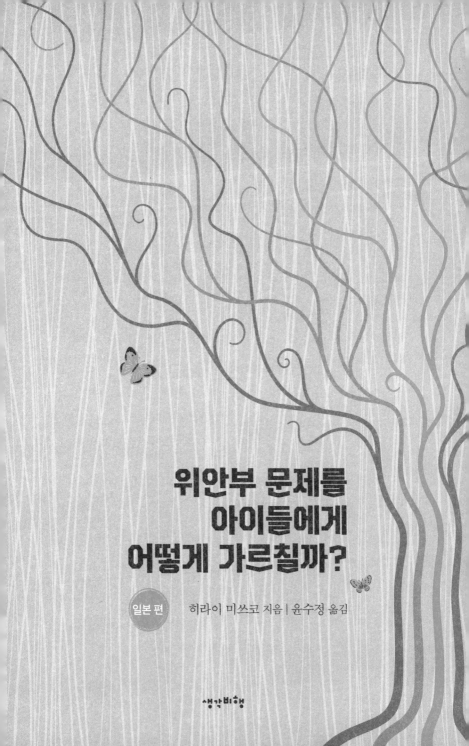

위안부 문제를
아이들에게
어떻게 가르칠까?

일본 편 히라이 미쓰코 지음 | 윤수정 옮김

생각비행

저는 일본 오사카에서 중학교 사회과를 가르치고 있습니다. 학생들 가운데는 한글을 읽을 수 있는 아이도 있고, 배우는 아이도 있습니다. 동방신기, 빅뱅, 소녀시대, TWICE, BTS 같은 한국 아이돌 그룹을 좋아해서 한국어로 노래하려는 것입니다. 제가 태어나 자란 오사카시 이쿠노에는 자이니치가 많이 삽니다. 주말이 되면 그곳 코리아타운은 아이돌 상품과 한국 화장품을 사고 한국 음식을 즐기려고 찾아온 사람들로 북적거립니다.

한편 제가 '한국에 간다'는 말을 하면 주변에서 '괜찮겠냐'고 묻습니다. 왜 그럴까요? 징용공 같은 문제 때문에 한국에서는 반일 폭풍이 불고 있다는 보도가 흘러나오고, 적잖은 사람이 그것을 믿기 때문입니다. 그리고 보도를 곧이곧대로 받아들여서 '한국이 약속을 지키지 않으니까', '하염없이 옛일에 매달려 있으니까' 해결되지 않는다고 말하며, 책임을 한국에 떠넘깁니다.

일본은 메이지유신 이후 조선과 대만, 중국을 시작으로 아시아 각지를 침략하여, 거기 사는 사람들의 인생을 짓밟았습니다. 물론 일본에도 원자폭탄이 떨어졌고, 공습을 당했으며, 징병과 노동 동원도 있었습니다. 그렇기에 '우리 일본인도 전쟁에서 큰 피해를 입었어. 외국인만 그런 것이 아니야'라고 생각하는 사람이 많습니다.

그런데 원인을 따지자면, 일본 정부와 군부가 서구 열강을 따라잡아라 뛰어넘어라 하면서 대외적인 무력 확장을 꾀했기 때문이 아닐까요. 그 때문에 일본인뿐 아니라 외국 여러 나라 사람들에게 막대한 피해를 끼쳤지요. 일본 병사의 다수는 중국을 비롯한 아시아 태평양 지역에서 죽었습니다. 일본이 그러한 지역에까지 전쟁을 확장시킨 탓이라는 건 말할 필요도 없습니다. 그리고 우리가 알아 두어야 할 것이 있습니다. 전사한 병사 중에는 식민지가 된 조선과 대만 병사도 있었으며, 그 전쟁터에 여성들이 '위안부'로 끌려갔다는 사실 말입니다.

일본 아이들은 일본의 전쟁과 식민지 문제에 대해 자세히 배우지 않습니다. 교과서에 기술된 내용도 아주 적습니다. 마치 역사 연표처럼, 일어난 사건은 알고 있어도 그로 인해 어떤 사람들이 어떤 일을 겪었는지는 배우지 않는 것입니다.

우리는 태어나서 지금까지 다양한 사람과 관계를 맺으며 살아왔습니다. 누구에게나 각자의 인생이 있고, 우리는 모두 존엄합니다. 전쟁은 저마다의 인생은 물론 인간으로서의 존엄도 빼앗았습니다. 그렇기에 저는 전쟁에서 목숨을 잃거나 인생이 바뀌어 버린 사람들의 체험과 마음을 아이들에게 전하고 싶습니다.

'과거에만 매달리지 말고 미래를 보아야 한다'는 말을 듣습니다. 정말 그럴까요? 역사를 모르고서 미래만 이야기해도, 정말로 서로 이해할 수 있을까요?

저는 이 일을 곧잘 이지메 문제에 비유합니다.

"이지메를 한 사람이 이지메 당한 사람을 마주했을 때, 이지메 한 사실과 그 내용을 인정하지 않고, '네가 이지메 당했다고 하니까 사과할게. 사과했으니까 이제 없던 일로 하자'고 한다면, 사과를 받은 쪽은 어떨까요?"라고 묻습니다. 그러면 대개는 '정말로 반성하고 있다면 자기가 한 일을 똑바로 인정해야지, 그렇지 않으면 사과했다고 볼 수 없다. 그런 사죄는 받아들일 수 없다'고 말합니다.

이것은 지금 일본 정부가 보이는 태도입니다. 미래 지향 자체가 나쁘다는 말은 아닙니다. 하지만 그 전에 과거를 인정하고, 과거에 저지른 일을 인식하고, 반성해야 합니다.

'한국 아이돌이 좋다'는 아이들이, 좋아하는 상대에 대해 더 깊이 알려고 하기를 바랍니다. 물론 한국에 관심이 없다는 아이들도 가장 가까운 나라와 일본 사이에 어떤 일이 있었는지, 일본이 무엇을 했는지 알아주기 바랍니다. 아이들에게 전쟁과 식민지 지배에 대한 책임은 없습니다. 하지만 가장 가까운 이웃 나라와 대립하고 있는 현재, 그 문제가 어디서 기인했는지를 알고, 주권자로서 이웃 나라와의 우호적이고 평화로운 관계를 만들어 갈 책임은 있다고 생각합니다. 식민지 지배와 전쟁 속에서, 비할 데 없이 비참한 피해를 입은 여성들. 그 여성들이 오랜 침묵을 깨고 드디어 용기를 내어 밝힌 일. 그 일이 전쟁에 의한 성폭력과 우리의 일상 속 성폭력 문제를 전 세계에 알리며 퍼져 나간 사실. 이를 많은 아이가 알기 바라며 지금까지 쭉 가르쳐 왔습니다.

과거 역사를 배움으로써 지금을 바라볼 힘을 가지며, 그 힘이 이 사회를 민주적이고 평화로운 사회로 발전시킬 것이라 생각합니다.

이 책을 한국의 많은 분이 읽어 주시면 기쁠 것입니다.

2020년 1월

히라이 미쓰코

역사 수업에서 전쟁은 피해 갈 수 없다. 학생한테 "선생님, 전쟁 좋아하세요?"라는 질문을 받을 때가 있다. 왜냐고 물으면 "선생님은 전쟁 얘기가 나오면 엄청 열을 올리잖아요."라고 한다. "좋아할 리 없잖아. 내가 열을 올리는 까닭은 전쟁의 실태를 똑바로 알리고 싶고 알아주기를 바라기 때문이야."라고 대답한다.

우리가 배우는 전쟁은 전쟁 전에 가르치던 '순국 미담'이 아니다. 전쟁 전에는 역사와 수신* 시간에 국민이 얼마나 용감하게 싸우고 나라를 위해 목숨을 내던졌는지 배웠다. 하지만 지금 우리는 전쟁에 이른 과정, 가해, 피해, 저항과 반전, 가담 등 전쟁의 모든 면을 살펴 그 실상을 알고자 한다. 이것이 두 번

---

* 수신修身은 2차대전 중 학과목. 도덕과 비슷하다.

다시 전쟁이 일어나지 않도록 막는 힘이 될 거라고 생각하기 때문이다. "전쟁은 싫어."라고 말만 할 게 아니라, 전쟁이 일어나면 어떤 일이 벌어지는지 역사의 진실을 통해 이해해 두어야 한다. 지금이야말로 그런 교육이 요구된다. 아이들은 학교나 미디어를 통해서만 전쟁에 대해 알 수 있다. 조부모 같은 가족이 알려 줄 수 없는 상황이다. 해마다 여름방학을 앞두고 전쟁에 관한 TV 방송 일람표를 만들어서 "하나라도 좋으니까 봐 두자."라는 말과 함께 나눠 준다.

2017년 여름, 《NHK》가 방송한 ETV 〈고백~ 만주·몽고 개척단의 여자들~〉(8월 5일 방송)을 보고 큰 충격을 받았다. 기후 현에서 옛 만주(중국 동북부)로 옮겨간 650명의 구로카와 개척단이 전후 집단 자살 직전까지 갈 만큼 궁지에 몰렸으면서도 생환할 수 있었던 역사를 파헤친 내용이다. 개척단은 소련 병사들에게 호위를 받는 대신, 열다섯 명의 미혼 여성을 넘겼다. 전후 70년이 지나 그때까지 봉인했던 사실을 공표한 여성들.

70여년이라는 세월이 이 여성들에게 어떤 시간이었을까. 여성들은 자신을 부끄러운 존재로 여기며 긴 세월 동안 사실을 꽁꽁 숨기고 살아야만 했다.

전쟁에는 만주·몽고 개척단 여성들과 '위안부' 같은 성폭력이 따라붙는다. 전쟁 일화가 아니라 전쟁의 본질이다. 역사에서 말하는 전쟁은 멀어졌지만 현실에서는 전쟁이 다가오고 있는 느낌이다. 그렇기에 더욱 더 전쟁의 본질을 가르치고 싶다. 그것이 '위안부' 문제이다. '위안부' 문제를 파고든 지 20년. 앞으로도 계속 파고들 것이다. 여기에 쓴 내용은 '위안부' 문제 교육의 실천이기도 하며 아이들과 서로 배워 온 생활사이기도 하다.

차례

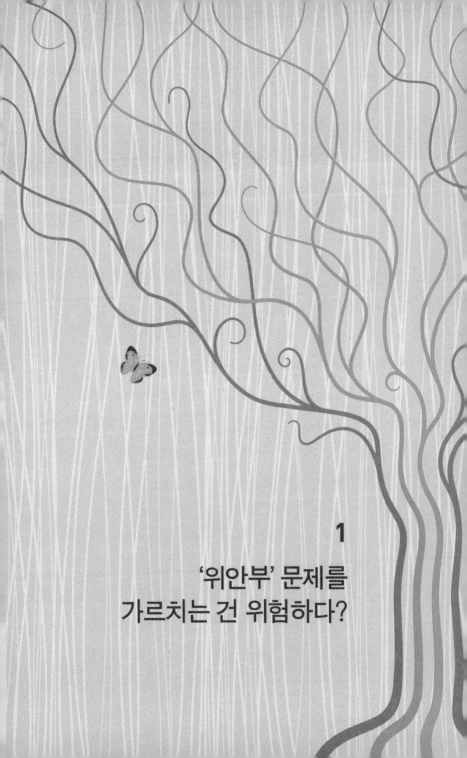

1

'위안부' 문제를
가르치는 건 위험하다?

"우익에게 공격을 받으면서도 지지 않고 '위안부' 문제를 가르치고 계신 히라이 씨입니다."

강연 때 곧잘 이렇게 소개받는다. 나를 강연에 부른 주최자는 나에 대해 어느 정도 알고 있지만, 한순간에 내 이미지는 '싸우는 사람'이 된다. 그리고 이어지는 것이 '우익의 공격이란 게 무엇인가?', '왜 위안부 문제로 공격을 받는가?' 하는 의문이다.

나도 농담 삼아 "명함에 '싸우는 교사'라고 써야겠어요."라고 응수하지만, 속으로는 '싸워? 내가?'라고 생각한다.

나는 무엇과 싸우고 있을까? 왜 나는 '위안부'에 집착하는 것일까? '반일교사'라는 딱지가 붙은 이유는 뭘까?

교사가 되어 30년이 훌쩍 지났다. 나는 지금까지 어떤 수업

을 해 왔을까? 이 책을 쓰기에 이르러 내가 실천해 온 일들을
돌아보았다.

에두른 표현

"그렇게 에두른 표현에 대해서는, 저는 문학 방면은 거의 공
부하지 않기 때문에 잘 모르겠으니, 그런 문제에 대해서는 대
답하기 어렵습니다."

내가 살면서 가장 충격을 받은 말 중 하나다.

이 말을 듣고 이해하는 사람이 얼마나 될까?

내 또래 사람 중에는 '히로시', '히로코' 같은 이름이 많다.
1959년에 아키히토 천황이 쇼다 미치코와 결혼해 밋치 붐이
일어났고, 이듬해 히로노미야*가 태어났기 때문이다. 황실이
라는 존재가 서민에게 가까운 존재가 되었다. 우리 집에도 미
치코의 육아책이 있던 걸 기억한다. 미치코와 아이들 모습에

---

*   나중에 이름을 나루히토로 바꾸었으며 2019년 5월 1일 즉위했다.

친근감을 가진 사람은 적지 않을 것이다. 나도 쇼와 천황*은 상냥하게 손을 흔드는 사람 좋은 노인이란 이미지를 갖고 있었다. 그 이미지는 1975년에 무너졌다. 그때까지 중학교 수학여행은 도쿄 근방으로 가는 일이 많았는데, 산요신칸센**이 개통되자 내가 다니던 중학교에서는 수학여행지를 히로시마로 변경했다. 처음 간 히로시마에서 본 것은 괴물처럼 피부가 늘어진 피폭자 밀랍인형과 눈을 가리고 싶게 만드는 사진들이었다. 무서운 것은 전시물만이 아니었다. 원자폭탄이 인간을 무섭고 끔찍한 존재로 바꾸어 버린다는 사실이 무서웠다.

원자폭탄을 떨어뜨리지 않았다면 전쟁은 안 끝났을까? 전쟁을 끝낼 수 있었던 건 누구일까? 그런 생각을 하다 보니 고노에 상소문***에 다다랐다. 1944년 2월 14일에 고노에 후미마로

---

* 당시 천황이었던 히로히토를 말한다. 히로히토는 1926~1989년까지 재위했으며 태평양전쟁을 일으켰다. 전쟁 당시만 해도 천황은 모든 국가 권력을 한손에 쥐고 있었다. '천황'이라는 용어는 1998년부터 '그 나라가 사용하는 호칭 존중'이라는 외교관례에 따라 정부에서 사용하고 있다. 이 책에서도 '일왕'의 호칭으로 '천황'을 사용했다.

** 오사카와 후쿠오카를 잇는 서일본 노선이다. 히로시마는 이 노선의 중간 지점에 있다.

*** 태평양전쟁 말기인 1945년 2월에 고노에 후미마로近衛文麿가 올린 상소문을 말한다. 상소문에서 그는 '국체 보존을 위해서 즉각 전쟁을 멈추어야 한다'고 주장했다.

가 쇼와 천황에게 올린 상소문은 '종전' 결단을 재촉하는 내용이었다. 하지만 천황은 "한 번 더 전과戰果를 내지 않고서는 이야기하기 어려울 것이다."라고 부정했다. 이것은 나에게 큰 충격이었다. 천황이 '종전'을 늦춘 탓에 대도시 공습과 오키나와 전투, 원자폭탄 투하에 이른 것이다.

더 충격이었던 건 1975년 10월 31일에 열린 쇼와 천황 기자회견이었다. 내외에서 온 기자들 질문에 쇼와 천황이 직접 대답하는 형식으로, TV에서도 매우 크게 다루었다.

"폐하는 흔히 말하는 전쟁 책임에 대해서 어떻게 생각하시는지 듣고 싶습니다."라는 질문에 쇼와 천황은 "그렇게 에두른 표현에 대해서는, 저는 문학 방면은 거의 공부하지 않기 때문에 잘 모르겠으니, 그런 문제에 대해서는 대답하기 어렵습니다." "전쟁 막바지에 원자폭탄이 투하된 사실을 폐하는 어떻게 받아들이시는지 얘기해 주십시오."라는 질문에는 "원자폭탄 투하는 유감으로 생각합니다만, 전쟁 중이었으니, 정말, 히로시마 시민은 가엾지만 어쩔 수 없는 일이라고 생각합니다."라고 대답했다.

나는 이 두 가지 대답을 듣고 말할 수 없는 허무함이랄까, 어이없음이랄까, 뭐라 표현할 수 없었던 기분을 똑똑히 기억한다. 전쟁을 최종적으로 지휘하는 군 통수권자로서, 그리고 한 명의 인간으로서 너무나도 불성실하지 않은가!

그런데 그때는 '누구에 대해 불성실한 것인지'까지는 생각하지 못했다. 아이들 말로 하자면 '약은' 일이었다.

왜 학교에 조기를?

1989년 1월 7일, 쇼와 천황이 죽었다. 전년도 9월쯤 천황의 병이 위중하다는 보도가 나온 뒤 일본 사회는 온통 자숙하는 분위기였다. 야구에서 우승한 팀이 맥주 뿌리기를 자숙하고 닛산 자동차 광고에서 "여러분 안녕하세요?"라고 말하는 이노우에 요스이의 음성이 실례가 된다며 바꾸었으며 버라이어티 방송도 사라졌다. '천황 붕어 기자회견'이 열린 뒤 이틀 동안은 모든 TV 방송에서 광고가 빠졌다. 가요, 드라마, 퀴즈 프로그램은 모두 모습을 감추었다. 천황 서거를 알리는 신문은 하나같이 생물학자인 모습과 격동의 시대를 살아온 천황, 평화를 바라며 국민과 함께 걸어 온 천황이라는 이미지로 보도했다. 아시아태평양전쟁에서 통수권을 가진 천황이 전쟁에 어떤 역할을 했을지 생각했을 때, 이 보도에 대해 피부가 버석거리며 쓸려나가는 듯한 위화감이 들었다.

대상*大喪의식은 2월 24일로 정해지고 그날은 공휴일로 지정되었다. 문부과학성은 '쇼와 천황의 대상의식 당일 조의 표현에 관하여'라는 통지를 공사를 막론한 전국 교육기관, 각 도도부현都道府県 교육위원회, 각 도도부현 지사 등에게 보냈다. 내용은 ①조기를 게양하는 한편 행사에서 노래와 춤이 들어가는 것은 바꿀 것 ②대상의식 날 정오에 묵도를 올리도록 협력해 주기 바란다는 내용이다.

바로 그날 학생들은 등교하지 않지만, 우리는 조합원뿐 아니라 전 교직원이 모여 논의했다. 학교에서 아이들에게 조의를 강요하거나 조기를 게양하는 문제점에 대해 의견을 나누었다. 그 결과 교직원 모두가 원치 않으니 학교에 조기를 걸지 말자고 교장에게 요청했다.

천황이 서거했다고 해서 학교라는 공교육 기관에 일방적으로 강요된 조의. 이는 헌법에 규정된 상징으로서의 천황이 전쟁 전과 비슷한 존재로 덮쳐 온 것 같았다. 연호가 법제화된 뒤

---

*　　왕의 장례

에 첫 연호는 '헤이세이'라는 발표가 났다. 천황이 시간마저 다스린다는 뜻에서 만든 것이 연호이다. 이미 그런 시대는 끝났을 터인데도 새로운 연호를 만들고 죽은 천황과 새로운 천황을 위한 조의와 축의를 강요한다. 전쟁에 대한 반성으로 헌법이 생겼고 그렇기에 30조에 걸쳐 인권에 관한 조문이 실렸다. 제19조에는 "사상 및 양심의 자유를 침범해서는 안 된다." 제20조에는 "②누구든 종교상의 행위, 축전, 의식 또는 행사에 참가할 것을 강요받지 않는다. ③국가와 그 기관은 종교 교육, 그 밖에 어떠한 종교적 활동도 해서는 안 된다."라고 명시되어 있다.

하지만 현실에서는 헌법과 교육 기본법에 위배되는 일을 너무나도 쉽게 강요한다. '국가신도°에 국민이 사로잡힌 시대'는 결코 지나간 과거가 아니다. 당시 중학교 2학년에게 역사를 가르치던 나는 아시아태평양전쟁과 헌법 수립 등의 수업이 왜 필요한지 다시금 실감했다. 사회과 교사로서 아이들에게 무엇을 전하고 생각하게 해야 할지가 분명하게 보였다.

°   메이지 유신 후 천황제 아래서 성립되고 진흥된 국민 종교. 천황제와 국가주의 사상의 이념적 배경이 되었으며 제2차 세계대전 종료 때까지 계속되었다.

김학순 할머니의 증언

TV가 가진 힘은 크다. 문장으로밖에는 확인할 수 없었던 일과 사람이 명확한 형태를 갖고 눈앞에 나타난다. 1991년 8월 14일, 그때까지 자신을 드러내지 않았던 '위안부' 중 처음으로 얼굴과 이름을 드러내고 증언한 사람이 김학순 할머니(당시 67세)다. * 같은 해 12월 6일에는 전직 군인·군속 그리고 일본 정부에 사죄와 배상을 요구하며 도쿄지방재판소에 제소했다. 김학순 할머니의 이름은 '위안부'의 대명사가 되었다. 처음 김학순 할머니를 TV에서 보았을 때, 미안한 말이지만 유령이라도 만난 듯한 충격을 받았다. 센다 가코 千田夏光(1924년~2000년) ** 씨와 가와다 후미코 川田文子(1943년~현재) *** 씨가 쓴 르포 reportage를 읽어서 안다고 생각한 내 자신이 부끄러웠다. 흰 치마저고리를 입고 의연하게, 하지만 때로는 눈물을 흘리면서 이

---

* 국내에서는 김학순 할머니의 증언이 첫 번째이지만, 처음으로 위안부였음을 밝힌 사람은 오키나와에 살던 배봉기 할머니이다.
** 본명은 센다 사다하루이다. 태평양전쟁 관련 저작이 많고, 그중에서도 위안부에 관해 다수의 저작물을 남겼다.
*** 일본 논픽션 작가. '일본의 전쟁책임자료 센터' 공동대표이며 '전쟁과 여성의 인권 박물관' 일본 건설 위원회 발기인

야기하는 김학순 할머니. "가슴이 아파요. 그래도 얘기할게요. 이 사실을 역사에 남겨야 해요. 젊은이들에게 사실을 가르쳐야만 해요."라는 말은 내 안에서 항상 반추하는 말이 되었다.

김학순 할머니가 증언하기 전으로 거슬러 올라가, 1990년 6월에 열린 참의원 예산위원회에서 모토오카 쇼지 本岡昭次(1931년~2017년)* 의원(당시 사회당)이 위안부' 실태 조사를 일본 정부에 요구했다. 그러자 정부 위원이었던 시미즈 쓰타오가 "종군위안부에 대해서 옛날 사람들의 이야기 등을 종합해 보니, 역시 민간업자가 그러한 분들을 군과 함께 데리고 다닌, 그런 상황이었던 모양이며 이러한 실태에 대해 조사해서 결과를 내는 것은 솔직히 말씀드려 어렵습니다."라고 답변했다(제28회 국회 참의원 자산위원회 제19호, 1990년 6월 6일). 김학순 할머니는 이 답변을 계기로 자신이 '위안부'였다는 사실을 드러내기로 했다.

1992년 1월 8일, 한국정신대문제대책협의회는 주한 일본 대사관 앞에서 수요집회를 열었고, 1월 17일에 방한한 미야자와

---

* 위안부 문제 해결을 위해 노력한 일본 정치가. 1991년 4월에 열린 참의원 예산위원회에서도 "정부가 관여하고 군이 관계하여 여자정신대라는 이름으로 조선 여성을 종군위안부로 삼아 강제적으로 남방으로 연행한 일을, 저는 틀림없는 사실이라고 생각합니다."라고 발언했다.

기이치宮澤喜一(1919년~2007년)* 수상은 노태우 대통령에게 '위안부' 문제에 관해 공식 사죄했다. 같은 해 7월 6일, 가토 고이치加藤紘一(1939년~2016년)** 관방장관은 정부의 관여를 인정하는 회담을 발표했다(자료 편 참조). 당시 자민당에는 전쟁과 전쟁 책임 문제에 대해 양심을 갖고 대응하고자 하는 세력이 적잖이 있었다.

일본 정부는 김학순 할머니의 고소를 계기로 조사를 실시하여 '위안부'의 연행과 관리에 일본군의 강제가 있었던 점을 공식 인정하고 1993년 8월 4일 고노*** 담화(자료 편 참조)를 발표했다.

이 담화에서는 '위안부 모집', '위안부 이송', '위안소 설치, 관리'에 일본군이 관여한 것을 인정하고 '많은 여성의 명예와 존엄을 깊이 상처 입힌' 문제로 인식하여 '역사의 교훈으로서 직시하고', '역사 연구와 교육을 통해 이러한 문제를 길이길이 기

---

* 일본의 78대 총리. 1982년 관방장관으로서 미야자와 담화를 발표해 역사 교과서 문제에 대해 사과했다. 1991년에는 총리직에 오른다.
** 1992년 7월, 미야자와 기이치 내각의 관장방관이었던 그는 처음으로 "일본 정부가 군 위안소 설치, 운영, 감독 등에 관여했다."라고 인정했다.
*** 고노 요헤이河野洋平(1937년 1월 5일~현재), 1993년 내각관방장관으로서 일본군 위안부 강제 동원 사실을 최초로 인정했다.

억하여 같은 잘못을 되풀이하지 않겠다는 굳은 결의'를 표명했다. '역사 교육을 통해 길이길이 기억하는' 표시로서, 1997년부터 사용되는 모든 중학교 역사 교과서에 '위안부' 기술이 등장했다. 그런데 이 일이 훗날 교과서 공격과 수업 현장에 대대적인 공격을 불러일으켰다.

습격당한 교과서 회사

"우리 학교 근처에 있는 교과서 회사가 엄청난 우익 가두 선전차에 포위됐어! 무서웠어. 통행하는 사람도 무슨 일인가 싶어 불안해했다고! 정말이지 그런 일은 처음이야!"

당시 오사카시 후카에바시深江橋에 있던 교과서 회사 오사카서적에 우익 가두 선전차량이 몇 대나 몰려왔다고 근처 중학교에 근무하던 동료가 알려 주었다. 교과서 회사에 우익 가두 선전차가 몰려오다니 듣도 보도 못한 일이다. 오사카뿐 아니라 중학교 사회과 역사 교과서를 내는 7개 교과서 회사 모두에서 같은 일이 일어났다.

① "또한 조선 등의 젊은 여성들을 위안부로서 전쟁터에 끌고 갔습니다."

戦争の被害と民衆
★戦争は国民に何をもたらし、アジアにどんな被害をあたえただろう。

戦争と民衆

1942年6月のミッドウェー海戦から、太平洋での連合国軍の反撃が開始されました。日本軍はつぎつぎと敗れ、日本の占領下での住民の抵抗運動もはげしくなっていき、資源の輸入がとだえ、生産もゆきづまりました。政府は、兵力や労働力を補うため、大学生も兵士として動員し、中学生や女学生を軍事工場で働かせました。そのうえ、朝鮮からは約70万人、中国からも約4万人を強制的に日本へ連行して鉱山などで働かせました。また、朝鮮などの若い女性たち

◆児童の集団疎開

260

①

疎開先からの手紙
お父様はじめ、皆々様お変わりございませんか。今度どんぐりの供出があり、1人3合を集めなければなりません。まだ、わたしは4つぶしかとってありません。東京にいた時はあまり好かなかったスイトン・みょうががとても好きになりました。みんなのところへ面会のお便りがきます。わたしもそれが楽しみ。
（『のびのび』18号より）

◆空襲を受けたおもな都市と死者数

を慰安婦として戦場に連行しています。さらに、台湾・朝鮮にも徴兵令をしきました。そして、国民の生活や言論の統制をいっそうきびしくしました。しかし、国民の間に戦争への批判や政府への不満がひそかに高まっていきました。

◆日本政府に戦後補償を求めて、デモ行進する韓国の元従軍慰安婦の人々（1994年、東京）

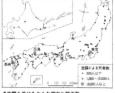

'1996년 2월 29일 문무성 검정 완료'한 중학 사회과 역사 교과서의 '위안부' 문제에 관한 기술, 오사카서적

■朝鮮人と中国人・台湾人の強制連行　戦時下の日本では労働力の不足をおぎなうために, 1941(昭和16)年ごろから, 約80万人にもおよぶ朝鮮人を強制的に日本に連行し, 炭坑・鉱山などで働かせた。また, 中国人も4万人ちかく強制連行した。朝鮮人や中国人は, 過酷な労働を強いられた。1945年, 秋田県花岡鉱山で, はげしい虐待にたえかねた中国人が蜂起し, 鎮圧された事件がおきた。また, 朝鮮や台湾などの女性のなかには戦地の慰安施設で働かされた者もあった。さらに, 日本の兵力不足にさいし, 朝鮮や台湾の人びとに対しても徴兵制をしき, 戦場に動員した。戦後, 戦犯となって処刑された人たちもいる。

① 조선과 대만 등지의 여성 중에는 전쟁터의 위안 시설에서 강제로 일한 사람도 있다.

も徴兵し, 多くの学生が学業の半ばで戦場に向かった。
　労働力不足を補うため, 強制的に日本に連行された約70万人の朝鮮人や, 約4万人の中国人は, 炭鉱などで重労働に従事させられた。さらに, 徴兵制のもとで, 台湾や朝鮮の多くの男性が兵士として戦場に送られた。(→p.282)また, 多くの朝鮮人女性なども, 従軍慰安婦として戦地に送り出された。

② 또한 많은 조선인 여성 등도 종군위안부로서 전쟁터에 보내졌다.

や危険な機械操作にとり組まされた。
　植民地の台湾や朝鮮でも, 徴兵が実施された。慰安婦として戦場の軍に随行させられた女性もいた。国内の労働力が不足していたため, 朝鮮から約70万, 中国から約4万の人々が強制連行され, 炭鉱などでの労働をしいられた。(れんしゅう)

▲朝鮮人の強制連行　土木工事や鉱山などで重労働をしいられた。

③ 위안부로서 전쟁터의 군에게 추행을 당한 여성도 있다.

'1996년 2월 29일 문부성 검정 완료'한 중학 사회과 역사 교과서의 '위안부'에 관한 기술. 위에서부터 시미즈서원, 교육출판, 일본문교출판

戦争の長期化と 中国・朝鮮

しかし、最も多くの犠牲を出したのは中国であった。戦闘や強制連行などによって多くの人的被害を出したほか、多くの経済的被害を出した。

また、国内の労働力不足を補うため、多数の朝鮮人や中国人が、強制的に日本に連れてこられ、工場などで過酷な労働に従事させられた。従軍慰安婦として強制的に戦場に送りだされた若い女性も多数いた。

*1 1945年には、在日朝鮮人の人数は、それまでに移住してきた人々(→p.220)と合わせて、朝鮮総人口の1割に当たる二百四十万人に達した。

② 종군위안부였던 사람들

さらに、日本の植民地であった朝鮮や台湾の人々からも多くの犠牲者がでました。戦争で日本国内での労働力が不足してきたので、朝鮮から多くの人々を強制的に日本へ連行しました。この人たちは、鉱山・軍需工場・土建業などで、危険でつらい労働に従事させられました。

これらの地域の出身者のなかには、従軍慰安婦だった人々、広島や長崎にいて原爆で被爆した人々、戦前日本領だった南樺太に終戦で残留させられた人々などがいます。日本のこれらの地域にたいする国家としての賠償は終わっていますが、現在、個人にたいしての謝罪と補償が求められています。

③ 또한 여성을 위안부로 종군시켜 끔찍한 취급을 했다.

戦局が悪くなると、これまで徴兵を免除されていた大学生も軍隊に召集されるようになった。さらに、朝鮮から70万人、中国からは4万人もの人々を強制的に連れてきて、工場や鉱山・土木工事などにきびしい条件のもとで働かせた。朝鮮・台湾にも徴兵制をしき、多くの朝鮮人・中国人が軍隊に入れられた。また、女性を慰安婦として従軍させ、ひどいあつかいをした。

'1996년 2월 29일 문부성 검정 완료'한 중학 사회과 역사 교과서의 '위안부'에 관한 기술. 위에서부터 도쿄서적, 제국서원, 일본서적

1996년 6월 27일, 문부과학성은 1997년도 중학교 교과서 검정 결과를 공개하고 27일 저녁에는 TV와 라디오에서, 이튿날인 28일에는 신문들이 모든 중학교 역사 교과서에 '위안부' 기술이 등장했다고 보도했다. 그것이 발단이었다.

여기까지 읽으면 도대체 어느 정도 내용이 실렸기에 그럴까 생각하는 사람도 많을 것이다. 당시에 내가 가르치던 아이들이 사용한 교과서를 소개한다. 〈제2차 세계대전과 일본의 항복〉 단원에서 '전쟁과 민중'이라는 부분이다. 본문에 "또한 조선 등의 젊은 여성들을 위안부로서 전쟁터에 끌고 갔습니다."(오사카서적)라고 기술했다. '역사를 깊이 파헤치다, 아직껏 남은 전쟁의 상흔'이라는 칼럼에서는 전후 보상 문제에 대해 "종군위안부와 강제 연행, 일본군에 동원된 대만 사람들, 국적에 따른 전후 보상 차별 등이 큰 문제가 되고 있다."고 기술하였고, "일본 정부에 전후 보상을 요구하며 시위행진을 하는 한국의 종군위안부 피해자들(1994년, 도쿄)"이라고 설명을 붙인 사진을 게재했다. 다른 교과서도 모두 두 줄 정도밖에 싣지 않았다. 이래서는 '위안부' 사람들을 어떻게 모으고 어떤 장소에서 어떤 일을 강요했으며 어떤 피해를 입혔는지, 그들이 무엇을 요구하는지 거의 알 수 없다. 하지만 교과서에 기재된 일 자체는 의미가 크다. 교사가 거기 기술된 부분을 가르치게 되기 때문이다.

겨우 요 정도 기술이지만 이 문제를 부정하고 싶은 역사수정주의자들은 이조차도 허용하기 어려웠을 것이다. 이때부터 집요하고 대대적인 교과서 공격이 시작됐다. 미디어로는 《산케이産経신문》, 《정론正論》, 《제군諸君!》, 《문예춘추文芸春秋》, 《SAPIO》, 《주간신조新潮》,《주간문춘文春》등, 자민당에서는 '밝은일본' 국회의원연맹(오쿠노 세이스케 회장, 아베 신조 사무국장), 지식인으로서는 후지오카 노부카쓰藤岡信勝(1943년~현재, 당시 도쿄대학 교수)● 등이 논진論陣을 펼쳤다. 이러한 움직임을 이어받은 우익단체가 앞서 말한 것처럼 가두선전을 하고, 단숨에 수위를 높여 교과서 회사와 집필자에게 협박장을 보내기에 이르렀다.

후지오카 노부카쓰는 《산케이신문》(1996년 6월 28일자)에서 "그저 두렵기만 한 암흑사관, 자학사관, 반일사관의 온퍼레이드"라고 썼다. 이 말은 후에 침략 사실을 기재하는 저서와 연구

●   일본 교육평론가. 새로운 역사 교과서를 만드는 모임 부회장. 공산당 계열 학자로 좌익 활동을 하다가 1990년 걸프전을 계기로 '자유주의사관' 구축을 제창, 반향을 얻었다. 1996년 내부 논의 없이 연구회 이름으로 '종군위안부 기술을 중학교 교과서에서 삭제하라'는 성명을 발표, 설립 멤버들이 이탈하고 보수계 인사들이 대거 참가하면서 연구회는 보수화되었다.

자, 교육자에게 꼬리표가 된다. 이 꼬리표는 지금도 쓰이고 그뿐 아니라 많은 사람에게 침투되고 있어 공포를 느낀다.

후지오카를 비롯한 우익들은 '위안부는 상행위이며 매춘부였다. 강제연행은 없었으며 그 증언도 신용할 수 없다'는 주장을 계속 이어 가고 있다. 그들은 1996년 10월에 '자유주의사관 연구회'라는 이름으로 〈긴급 어필, 중학 교과서에서 '종군위안부' 기술 삭제를 요구한다〉는 글을 발표했다.* 12월에는 '새로운 역사 교과서를 만드는 모임'을 설립하여 스스로 중학교 역사·공민公民 교과서를 발행하겠다고 밝혔다.

이를 이어받아, 당선 5회 이하인 자민당 젊은 의원을 중심으로 '일본이 나아갈 길과 역사 교육을 고민하는 젊은 의원 모임'을 발족했다. 그때가 1997년 2월 27일로 '위안부' 기술이 실린 교과서를 중학생들에게 나눠주기 직전이었다. 현재 아베 수상도 그 멤버였다.

그 즈음부터 '위안부' 문제를 가르치는 일은 위험하다는 분위기가 학교 현장 속에 퍼져 갔다.

* 《월간 아고라月刊アゴラ》 227호(1997년 3월 10일 발행)에 게재되었다.

2

'위안부' 문제를
가르친 첫 수업

'전후 50년'이라는 분위기 속에서

30년이나 가르치는 일을 하면 수업 인쇄물과 배포물이 방대하게 쌓인다. 제대로 정리하지 않은 탓에 남아 있는 것에서부터 거꾸로 거슬러 올라가야 한다. 1995년 12월 3일자 역사교육자협의회 긴키 블록 집회에서 보고한 자료가 남아 있다. 당시 근무하던 학교 3학년에게 아시아태평양전쟁을 가르쳤을 때의 실천 기록이다.

보고서에는 그 즈음 내가 관심 갖던 문제가 쓰여 있다. "미국에서 전승 50주년 기념우표에 원폭 도안을 채용했다가 취소, 미국 스미소니언박물관 원폭전 중지, 중국, 프랑스 핵실험과 반핵 국제여론, 일본 정부 '전후 50년 결의'(무라야마 담화, 자료편 참조), 오키나와 미국 병사 소녀 폭행 사건, 잘못된 역사 인식을 가진 각료들의 연이은 발언, 미국 일본 간 지위 협정, 미국과 일본의 안보를 둘러싼 오키나와, 정부의 움직임 등, 이러한 문제를 실제 수업에서 15년 전쟁*, 전후사 학습에 도입함과 동시에 앞으로 15년 전쟁, 전후 50년을 검증해 나갈 필요를 느낍니다."라고.

1995년 5월 3일 무라야마 도미이치村山富市(1924년~현재)** 수상은, 베이징 루거우 다리盧溝橋***를 방문해 과거 역사에 '깊은 반성'을 표명했다. 이에 장쩌민江澤民 국가주석은 "일본 내에 전쟁에 대해 일부 잘못된 견해를 가진 사람이 있는데 용서받지 못할 일이다."라고 강조했다. 이 이야기를 담은 신문기사를 수업 시작할 때 사용했다. "일부 잘못된 견해를 가진 사람"은 누구를 가리킬까? 1994년 5월 4일부터 5일까지 이틀에 걸쳐《마이니치신문每日新聞》과《산요신문山陽新聞》,《홋카이도北海道신문》에서 당시 법무장관이었던 나가노 시게토永野茂門(1922년

* 　　　1931년 일본이 만주를 침략하면서 시작된 중국과의 전쟁을 일본 입장에서 부르는 용어
** 　　　일본의 81대 수상. 1995년 8월 8일 취임하여 1996년 1월 11일 퇴임하였다.
*** 　　　1937년 7월 7일에 이 다리에서 일본군의 자작극으로 발포 사건이 벌어지고, 이는 중일전쟁의 발단이 되었다.

~2010년)* 의 발언이 보도되었다. 표제어만 인용하면 "전쟁 목적은 정당한 것", "난징 사건은 조작", "위안부는 여성 멸시라고 할 수 없다."라는 말을 한 것이다. 이 발언 후, 나가노는 재임 11일 만에 사실상 경질된 형태로 사임했다. 요즘엔 이 발언을 듣고 별로 놀라지 않을 만큼, 역사를 짓밟는 발언이 정치가들 입에서 연이어 나오고 있다. 책임을 추궁해도 "문제될 건 없다."라는 말로 흐지부지 끝난다. 이런 일이 반복되니 '또야?'라는 무력감 같은 것이 쌓인다. 이런 발언을 방치함으로써 교육에 대한 역사수정주의자들의 공격을 허락하는 꼴이 되는데도……

무라야마 도미이치는 1994년 6월 자사사연립정권[자유민주당, 일본사회당(1996년 1월 19일 이후로는 사회민주당), 신당사키가케**]하에서 수상이 되어 1995년 8월 15일, 내각 각료 회의 결정에 기반한 "전후 50주년 종전기념일에 부쳐"(흔히 말하는 '무

* 전쟁 중에는 육군 대위였고 전후에는 육상자위대에 들어가 육상막료장까지 지냈으며, 1994년 4월에 하네다 내각 법무장관에 임명되었다. 취임 후 《마이니치신문》과 인터뷰에서 "나는 그 직후에 난징南京에 갔다. 난징대학살은 조작이다."라고 발언한 극우 인사이다.

** 신당사키가케는, 1993년에 미야자와 개조내각 불신임안이 가결된 것을 계기로, 파벌을 넘어선 공부모임 '유토피아 정치연구회' 소속 중의원 의원 열 명이 자민당을 떠나 결성했고 2002년에 정당 이름을 '녹색회의'로 변경했다.

라야마 담화')를 발표했다. '침략 전쟁'이라는 말은 쓰지 않았지만 전후 50년에 전쟁에 대한 반성을 내외에 표명한 중요한 담화이며, 그 덕에 아시아 국가들에게 어느 정도 신뢰를 얻게 되었다. 연립정권의 틀 안이라는 힘든 상황에서 나왔지만 침략을 부정하고 싶은 우파에게는 제동을 걸었다고도 할 수 있다. 오사카부 스이타시에서도 이 담화에 앞서 전국에서 처음으로 '평화 결의'(정식 타이틀은 '전후 50주년을 맞이하여, 헌법의 평화 원칙을 지키고 핵무기 폐기와 평화를 맹세하는 결의')가 나왔다.

당시 내 수업은 '전쟁을 가르치고 싶다, 알려 주고 싶다'는 생각만 앞섰다. 교과서에서는 10시간 정도면 가르칠 수 있는 부분을 18시간이나 걸렸으니 말해 무엇하랴. 아이들에게는 소화불량에 걸릴 일이었는지도 모른다. 지금은 그저 반성할 뿐이다.

그때는 '위안부' 문제에 정면으로 다가가기보다 일본 식민지가 된 한반도에서 민중이 겪은 피해 중 하나로 다루고, 마지막에 전쟁 책임과 전후 보상을 언급했다. 그 즈음에 나는 전쟁의 실상을 가르치는 것뿐 아니라 전쟁에 대한 책임을 묻는 일과 피해자에 대한 배상이 이루어졌는가에 집착했다. 그 근저에는 역사의 진실을 왜곡하는 세력에 대한 분노가 깔려 있었다.

군대가 존재하는 한 성폭력은 없어지지 않는다

1995년은 '전후 50년'뿐 아니라 '전후'가 없는 장소가 일본에 있다는 사실을 깨달은 해이기도 하다. 9월 4일에 오키나와현에 주둔하는 미군 병사 세 명이 열두 살 초등학생 여자아이를 납치해 집단 강간하는 사건이 일어났다. 일본 본토가 전후를 맞이했어도 미국의 지배가 계속된 오키나와에서는 미군 병사의 성폭력 사건이 끊이지 않았다. 1955년에도 당시 여섯 살이던 유미코가 미군 병사에게 강간당한 뒤 살해당했다. 발견 당시 유미코의 모습은 처참했다. 작은 손으로 풀을 움켜쥐고 이를 악물고 있던 유미코. 겨우 여섯 살 소녀가 오키나와 사람들의 모든 비극을 한 몸에 받았다고밖에 생각할 수 없었다. 그런데 40년이 지나 똑같은 비극이 다시 일어난 것이다.

1995년 10월 21일, 오키나와현 기노완시 해병공원에 8만 5000명이 모여 '미군에 의한 소녀 폭행 사건을 규탄하고 일미지 위협정 재검토를 요구하는 오키나와 현민 총결기대회'를 열었다. 그때 결의를 밝힌 후텐마고교 학생의 말이 잊히지 않는다.

"이제 헬리콥터 소리는 지긋지긋해요. 저는 아주 평범한 고교 3학년입니다. 대단한 말은 못하지만, 생각한 걸 솔직히 말할 테니 귀 기울여 주세요.

저는 이 사건을 처음 알았을 때, 이게 무슨 일이지, 이해가 안 돼, 이런 일이 일어나도 되는가 하는 생각에 가슴이 답답했습니다.

이 사건이 이렇게 크게 다뤄져 9월 26일에는 후텐마초등학교에서 10월 5일에는 후텐마고등학교에서 항의 집회가 열렸습니다. 고교생의 관심도 높아서 집회에 참가하거나 집회를 지켜본 학생도 적지 않았습니다.

그런 가운데 이 사건에 대해 친구들과 이야기를 하다가 의문을 갖게 되었습니다.

미군에 대한 분노는 물론이지만, 피해자인 소녀의 마음을 희생해 가면서까지 항의해야 했던 걸까. 소녀의 사생활은 어찌되는 걸까. 지금도 그렇게 생각합니다.

하지만 지금, 소녀와 그 가족의 용기 있는 결의에 의해 이 사건이 공표되었고, 역사의 큰 소용돌이가 된 것은 사실입니다.

소녀의 고통과 마음을 헛되게 할 수는 없습니다. 제가 여기서서 의견을 말함으로써 조금이라도 무언가가 변한다면, 소녀의 마음이 가벼워질지도 모른다는, 그런 생각에 지금 여기에

日米地位協定の見直しを要求する＝
決起大会
米地位協定を早急に見直せ
害者に対する謝罪と完全補償を早急に実施せよ

1995년 10월 21일, 오키나와현 기노완시 해병공원에서 열린 '미군에 의한 소녀 폭행 사건을
규탄하고 일미지위협정 재검토를 요구하는 오키나와 현민 총결기대회'

(사진: 《오키나와 타임스》 제공)

서 있습니다.

오키나와에서 미군이 저지른 범죄를 거슬러 올라가면 흉악 범죄가 많은 데 놀랍니다. 전후 50년, 아직도 미군에 의한 범죄는 일어나고 있습니다.

이대로 있어도 괜찮은 걸까요? 어째서 지금까지 일어난 사건이 본토에 무시당해 왔는지 저는 모릅니다. 더구나 가해자인 미군이 죄에 합당한 벌을 받지 않은 데는 정말로 화가 납니다. 부대에 구속되어 있어야 할 용의자가 미국으로 도망치는 일도 있었습니다. 그런 일이 있기에 지금, 오키나와 사람들이 일미 지위협정에 반발하는 것은 당연한 일입니다.

게다가 이 사건 용의자 같은 인간을 만들어 낸 것은 오키나와에 거주하는 '펜스 안 인간들'과 군사기지 안에 있는 사람들 모두의 책임입니다. 오키나와에 기지가 생긴 뒤로 범죄는 계속 반복되어 왔습니다. 기지 때문에 생기는 고뇌에서 우리를 빨리 해방시켜 주세요.

지금의 오키나와는 누구의 것도 아니고 오키나와 사람들 것입니다. 제가 다닌 후텐마중학교는 운동장 바로 옆에 미군기지가 있습니다. 후텐마제2초등학교는 펜스 너머에 미군기지가 있습니다. 후텐마 기지 주변에는 초등학교 7개와 중학교

4개, 고등학교 3개, 양호학교* 1개, 대학교 2개가 있습니다. 폭격기 추락 사고 보도가 나오면 가슴이 술렁거립니다.

저희 집에서는 미군 헬리콥터가 활주로에 내려앉는 모습이 보입니다. 그건 마치, 거리로 돌진하는 듯합니다. 기체에 새겨진 문자가 보일 정도인 저공비행, 그로 인한 소음. 우리는 언제 비행기가 떨어질지 모르는 곳에서 공부하고 있습니다.**

저는 지금까지 기지가 있는 것이 어쩔 수 없는 일이라고 받아들였습니다. 하지만 지금, 우리 젊은 세대도 당연한 일이었던 기지의 존재 의미를 다시 생각하고 있습니다. 학교에서도 예상치 못한 사람이 이 사건에 대한 생각을 이야기해서 모두를 놀라게 했습니다. 입으로 말은 하지 않았지만 마음속에는 기지에 대한 불만이 있었던 걸 나타낸다고 생각합니다.

오늘 후텐마고교 학생회는 버스 무료 승차권을 인쇄해서 전교생에게 나눠줬습니다. '모두 함께 가자, 생각하자'며 이 집회에 참가하자고 했습니다. 우라소에고교 학생회에서도 같은 일

* 　　지적장애·지체부자유 아동 등을 위한 학교. 특별지원학교.
** 　　후텐마고교는 오키나와 남동쪽 기노완시에 있다. 일본 내 미군 전용 시설의 70퍼센트 가량이 오키나와에 있으며, 지역 한가운데를 차지하고 있어 주민들은 불편을 겪는다. 학교도 미군기지 주변에 흩어져 있다.

을 했다고 합니다.

그리고 지금, 여기에는 많은 고교생, 대학생이 모여 있습니다. 젊은 세대도 이 문제에 대해 진지하게 생각하기 시작한 겁니다.

지금 이렇게 참혹한 사건이 일어났기에, 오키나와는 전국에 호소하고 있습니다. 결코 포기해서는 안 됩니다. 우리가 여기서 포기하면 또다시 슬픈 일을 낳게 되기 때문입니다.

언제까지고 미군을 겁내면서, 사고를 두려워하면서, 위험에 노출돼 살아가는 게 저는 싫습니다.

미래 제 자식들이 이렇게 살게 하고 싶지도 않습니다. 우리, 아이들, 여성들에게 희생을 강요하는 짓은 이제 그만두기 바랍니다.

저는 전쟁이 싫습니다. 사람을 죽이기 위한 도구가 제 주변에 있는 것이 싫습니다.

다음 세대를 짊어질 우리 고교생과 대학생, 젊은이 한 사람 한 사람이, 싫은 건 싫다고 말하고 행동하는 일이 중요하다고 봅니다.

젊은 세대가 새로운 오키나와를 만들어 주기를……. 오키나와를 진정한 의미에서 평화로운 섬으로 만들어 주기를 바랍니다.

그러기 위해 저도 한 걸음씩 행동해 나가고 싶습니다.

우리에게 조용한 오키나와를 돌려주세요.

군대 없는, 비극 없는, 평화로운 섬을 돌려주세요."

이 사건 보도를 접한 나는 성폭력 때문에 괴로워해 온 오키나와 여성들과 '위안부'가 겹쳐 보였다. 오키나와에는 김학순 할머니보다 먼저 '위안부'였던 사실을 증언한 배봉기(1914년~1991년)* 할머니도 있다. '위안부' 문제를 생각하는 건 군대와 여성을 향한 성폭력을 생각할 때 빼놓을 수 없는 일이라는 걸 깨달았다. 이 일을 반드시 아이들에게 전해야만 한다.

"우익이 오면 어떻게 하나요?"

1996년에 문부성 검정을 받은 책은 1997년 입학한 중학교 1학년 학생들에게 배포되었다. 당시 3학년 학생들은 '위안부'

---

* 충남 예산군 신례원리 출생. 전쟁 말기인 1944년 11월에 오키나와 도카시키 섬에 끌려가 위안부가 되었다. 1975년 일본 언론에 자신이 일본군 위안부였다고 밝힌 최초 증언자이다.

기술이 들어간 교과서를 접하지 못했다. '새로운 교과서를 가지고 아이들을 가르치고 싶다'는 바람은 점점 커졌다.

그런 때에《요미우리TV》(오사카) 디렉터한테 전화가 왔다.

"현재 일본에서 '위안부' 수업을 어떻게 하고 있는지 다큐멘터리를 찍고 싶은데 협력해 주시겠습니까?"

"왜, 저예요?"

역사교육자협의회에 문의했더니 나를 소개해 주었단다. 방송사는《닛뽄TV》계열이고, 프로그램은 오랜 기간 이어온〈NNN다큐〉이다. 많지 않은 다큐멘터리 프로그램 중에서도 수준 높은 영상을 만들어 여론을 환기시켜 온 존재이다. ˚

"매년 7월부터 8월까지는 전쟁에 관한 프로그램을 메인으로 하지만 올해는 교과서에 '위안부'에 관한 기술이 들어갔으니, 일본의 가해 문제 같은 걸 일본을 시작으로 동남아시아 등지에서 어떻게 다루고 있는지 취재해서, 그걸 방송으로 만들고 싶습니다."라고 디렉터가 말했다. 나는 교과서에 실린 '위안부'에

˚　　《닛뽄TV》는 우익 성향이지만 분야별 방송은 별개이다.

대해서 가르칠 수 있는 기회라고 생각했다. 하지만 학생이 취재 대상인지라 관리직한테 상담을 해야 했다. 교장에게 부탁하러 갔다.

"히라이 선생, '위안부'를 기술한 교과서 회사를 우익이 노리고 있는 건 알지요?"라고 교감이 말했다. 예상을 벗어나지 않는 말이었다.

"교과서에 실렸다는 건 학문적으로 보아 진실이고 아이들에게 가르쳐야만 할 내용이라는 것이죠. 그걸 실었다고 해서 가두선전하는 우익이 문제 아닌가요?"라고 대답했다.

교감은 입을 다물었다.

"제가 '위안부'에 대해 가르치는 게 뭐가 문제죠?"

"우리 학교에 우익이 오면 어떡합니까? 교과서 회사에도 우르르 쳐들어갔어요. 가르치지 않는 게 좋고 취재도 받지 않는 게 좋아요. 취재 결과 만들어진 프로그램이 어떤 것이 될지도 모르고. 공격당할 위험이 있는 일은 안 하는 게 좋아요."

교감이 한 말은, 그 뒤 내가 교육 실천에 대해 공격을 받을 때마다 관리직에게 듣게 된다. 외부 세력이 학교 현장에 부당

하게 개입하려 할 때 학교를 지키기 위해 학교와 교사의 교육
과정 편성권을 지키는 일이 관리직 본연의 책무이다. 그런데
그렇게 하지 않고 혼란을 야기하지 않도록 한다는 명목으로 교
사에게 자기규제를 요구하는 것이다. 그에 따라 현장 교사는
위축된다. 가는 말이 고와야 오는 말도 곱다고, 내 입에서는 이
런 말이 나왔다.

"우익이 오면, 학교를 지키는 입장인 관리직 선생님이 지켜
주세요."

그러자 교장이 말했다.

"히라이 선생이 신념을 갖고 하는 수업이잖아요? 저는 많은
사람이 보았으면 합니다. 만약 그 때문에 우익이 온다면, 그건
그때 가서 생각하지요. 교감 선생."

그때만큼 교장이 신처럼 보인 적은 없었다. '교육과정 편성
권은 전문성을 갖춘 교직원에게 있다'는 교장이 평소 하던 말이
떠올랐다. 그런데 요즘에는 이렇게 대담한 교장을 찾아보기 힘

들다.

직원회의에서도 이야기를 나누고 학교 전체의 동의를 받아 취재가 시작되었다.

방송은 광고를 넣더라도 30분짜리라서 수업을 몇 번 찍고 말거라 생각했는데, 엄청났다. 5월부터 7월 초까지 약 3개월 동안, 거의 날마다 취재진이 찾아왔다. 나가사키 수학여행까지 동행했다. 당시 학년은 안정되지 않아서 수업을 빼먹거나 방해하기도 했다. 그런데 취재진이 와 있는 걸 알고서 "열심히 공부하는 모습을 보이자.", "수업 시간에 자지 말자." 같은 말을 하면서 열심이었다.

아시아태평양전쟁 수업 시작부터 마지막 수업까지 취재를 철저하게 한 취재진에게 "이 다음에는 어떻게 하실 거죠? 필름 양이 방대하잖아요?"라고 물으니 "전부 볼 겁니다. 그러고 나서 다큐를 만들지요."라고 대답했다. 〈NNN다큐 '97〉은 '용서하자, 하지만 잊지 말자'라는 타이틀로 8월 17일에 방영되었다. '위안부'의 증언을 인용하면서 한국과 필리핀 학교, 일본 학교에서 가해 사실에 관해 가르치는 걸 묘사했다. 내가 아이들에게 전후 보상에 대한 의견을 묻는 모습이 마지막 장면이었다. 당시 중학교 3학년 아이들이 진지하게 생각하는 모습이 클로즈업되었다.

'위안부' 문제에 대해 역사수정주의자들의 공격이 거세지는 가운데서도 언론의 양심을 걸고 '위안부' 문제를 교육 현장에서 가르치는 일에 어떤 의미가 있는지를 정면에서 물은 이 방송은 정말 훌륭했다. 2000년대에 들어서 방송국이 '위안부' 문제를 다루는 일을 자제하기도 하고, 《NHK》에서는 정치가가 방송에 개입하게 된다. '위안부'를 정면에서 다루는 방송은 점점 사라져 갔다. 걱정했던 우익의 공격은 없었다. 다만 이 시점에서이지만.

수업 때문에 부녀 싸움!?

"히라이 선생님은 열렬하게 설명하셔!"

수업 전에 농담을 하는 아이가 있다. 아무래도 내가 수업에서 열변을 토하는 모양이다. 나는 그런 걸 의식하지 않지만, 아이들 목소리는 정직하다.

나는 검정에 갓 합격한 역사 교과서를 중학교 3학년 교실에 갖고 갔다. 아이들이 쓰는 교과서는 '위안부'가 기재되기 전 것이었다. 나는 새로운 교과서를 펼치고 "지금까지 여러분 교과서에는 없었던 기술이, 이 교과서에는 있어요."하고는 수업을 시작했다. 당시 아이들이 말하기를 "선생님은 기뻐하면서 열렬히 말했다."고 한다.

교사로서 크게 반성해야 할 일이다. 교사가 무언가를 선동하듯이 자기 생각을 말하는 수업은 아이들의 배움으로 이어지지 않는다. 그런 수업을 기대하는 학생도 있지만 역시 수업 개선이 필요하다는 걸 그때 느꼈다.

실제로 〈NNN다큐〉를 본 대학 친구는 "열의는 전해졌지만 선동하는 듯했어."라는 감상을 전해 왔다. 아프게 반성했다. 원인은 알고 있었다. 아이들 스스로 생각하게 하고 싶었지만, 내 자신이 전하고 싶은 내용을 일방적으로 이야기하고 준비된 결론으로 이끌려 한 것이다.

당시 수업을 돌아본다. 수업 교재로는 김학순 할머니가 '위안부'였음을 밝혔을 때 나온 뉴스 영상과 신문 기사를 썼다. 거기서부터 '위안부'란 어떤 사람들인지, 어째서 끌려왔는지, 어떤 상황에 처해 있었는지, 그들의 주장은 무엇인지로 구성했다. 마지막에는 일본 정부가 형식뿐인 사죄를 하고 그들의 주장을 받아들이지 않는 점과 그것을 부정하는 정치가들의 문제를 다룸으로써 일본 정부는 국가로서 책임을 지고 배상과 사죄를 해야 한다는 결론으로 끌고 갔다. 당시의 나는 그걸로 됐다고 생각했다.

하지만 아이들의 의문, 어째서 일본군은 전쟁터에서 '위안부'를 필요로 했는가? 배상을 하지 않는 이유는 뭔가? '위안부' 피해자들의 요구는? 왜 일본 정치가 중에 사실을 인정하려 하지 않는 사람이 있는가? 등은 내버려 두었다. 나중에 학생 몇 명이 던져 온 의문이 그 증거일 것이다. 그렇지만 이때까지 수업 후에 의문을 던지는 학생이 적었던 걸 생각하면, 학생들에게 '위안부' 수업은 거칠었지만 인상에 남는, 그리고 흥미를 가질 수 있는 내용이었다고 생각한다. '위안부' 피해 여성들에게 교사로서 응답해야 할 책임이 내게 있으며 고노 담화를 실천하고 있다는 뿌듯함이 있었다.

그 무렵 만화가인 고바야시 요시노리가 《신 고마니즘 선언》*에서 '위안부'를 비방하고 중상하는 내용을 쓰기도 하고, 자유주의사관연구회가 《교과서가 가르쳐 주지 않는 역사》를 발행

* 1996년 7월에 소학관에서 펴낸 만화. '고마니즘'은 고바야시가 만든 조어로 '오만傲慢'의 일본어 발음 '고만'에 이즘을 붙인 것이라 한다. 즉 '오만주의 선언'이다.

하기도 하는 등 역사수정주의의 움직임이 거세졌다.

사회과를 좋아하는 유카가 분해서 못 참겠다는 표정으로 찾아왔다.

"아빠가 히라이 선생님 수업만 믿지 말고, 이런 책도 있으니까 읽어 보래요."라며 《교과서가 가르쳐 주지 않는 역사》를 보여 주었다. 유카 아버지는 보수적인 사람이었지만 아이 이야기를 듣지 않고 일방적으로 강요하는 사람은 아니었다.

"한번 읽어 보면 어때?"

"에?"

"읽지 않고 싫어하기보다 읽고 나서 어디가 납득이 가지 않는지, 생각해 보는 것도 좋을 거 같아. 난 읽지 않았지만 읽고 어떤 내용인지 가르쳐 줘."

그러자 "내키지는 않지만, 읽어 볼게요."라며 돌아갔다. 그리고는 며칠이 지났다.

"안 되겠어요. 이건 선생님 수업이랑 완전히 달라요."

"어떤 식으로?"

"음, 일본인이 이렇게 훌륭했다는 얘기가 잔뜩 있어요."

"그럼 안 되는 거니?"

"아니요, 전쟁은 아름답지 않고 일본 병사는 많이 굶어 죽었다고 선생님이 그러셨잖아요? 그런데 이 책에는 병사들 모두 늠름하게 싸웠다든가 일본 국민은 불평 한마디 없이 국가를 위해 애썼다든가, 뭔가 거짓말 같은 냄새가 폴폴 나요."

"흐음, 그렇구나. 이 책에 대해서 아버지랑 얘기했니?"

"별로요. 읽은 책을 그냥 팽개쳐 뒀으니까, 읽은 건 아실 테지만 아무 말도 안 했어요."

"이 책처럼 전쟁을 미화시키려고 하는 사람들도 있어. 하지만 전쟁을 미화시키면 다시 전쟁을 반복하려고 하는 사람이 나타날지도 몰라. 역시 전쟁은 미화시키면 못쓴다고 생각해, 나는."

개인 면담 때 이런 일이 있었다.

어느 학생 보호자가 웃으면서 말했다.

"저녁 먹을 때, 딸이 히라이 선생님 이야기를 자주 해요."

"어떤 이야기인가요? 분명히 제가 실수한 얘기겠죠?"

"아니요, 수업 이야기예요. 얼마 전에도 공민 수업에서 안보조약을 배웠다며 미군은 일본에 기지를 두면 안 된다고 했어요."

"어머 그래요, 그런 말을."

"그랬더니요, 남편이 미군은 일본을 지켜 주니까 기지는 필요하다고 말해서 둘이 싸움이 났어요."

"죄송해요, 제 수업 때문에."

"아니에요, 둘이 즐거운 듯이 얘기하던걸요. 나중에 남편은 '애가 평소엔 나랑 말도 안 하더니, 오늘은 하고 싶은 말을 잘하네. 이런 것도 좋은 것 같다'며 좋아했어요. 저는 애가 제대로 세상일을 생각할 줄 알게 돼서 기뻐요. 뭐, 앞으로도 둘이 싸울지 모르지만요."

아이들이 제대로 생각해 주어서 기뻤다.

'위안부' 문제를 생각하는 학습회가 열렸을 때, 보호자와 함께 참가해서 "이 문제를 배워서 좋았다."고 중학생 입장에서 발언을 한 학생도 있다. '위안부' 수업을 계기로 전쟁과 미군기지에 관심을 갖는 학생이 많지는 않지만 늘어갔다.

'종군위안부' 이 말을 들으면 슬퍼진다

 1997년에 아시아태평양전쟁 학습을 마친 아이들에게 수업 중 뭐가 인상에 남았는지 보고서를 써 내게 했다. 제목을 보면 '아시아 사람들을 향한 사죄', '일본군의 행위와 책임', '원폭에 대해', '전쟁 반대', '아직 끝나지 않은 전쟁', '오키나와', '미래 일본에게 바라는 것', '평화란 무엇일까', '위안부에 대하여', '난징대학살에 대하여', '천황에 대하여' 등이 있다. 여학생들은 '위안부'에 대한 문제를 많이 선택했다. 열을 올리며 '위안부' 수업을 하긴 했지만 여학생들에게 끼친 영향은 컸던 모양이다.

 당시의 감상 일부를 소개한다.

 Ⓐ '종군위안부' 이 말을 들으면 조금 슬퍼진다. 당시에 지금 우리 또래 아이들이 성적 노예 취급을 받았다니, 도저히 용서할 수 없다. '어째서?'라고 소리치고 싶다. 만약 내가 그런 꼴을 당했다면 분명히 도망치고 싶어질 거고 자해하고 싶어질 거다. 하지만 '위안부' 피해자들은 그렇게 하고 싶어도 할 수 없었을 것이다. 여기서 가장 잔혹한 건 현재 일본 정부. 옛날에 일본이 저지른 일에 대해 눈을 감고 사죄도 하지 않는다. 나로서는 용

서할 수 없을 만큼 끔찍한 일이다. 그저 사과만 하면 된다는 게 아니라 일본 정부가 마음에서 우러나는 사과를 해 주기 바란다. 앞으로 두 번 다시 이렇게 여성에 대해 끔찍한 일, 그 원인이 되는 전쟁을 일으키지 않도록 해야만 한다. 그러기 위해서 지금 시대를 살아가는 사람들이 이 일을 이어받아 다음 세대, 또 다음 세대로 이어 알아 두고 알리는 것, 그것이 우리가 할 수 있는 첫걸음이라 생각한다.

B 중학교에서 배워 다행입니다. 성 문제를 존중하는 인간이 될 수 있게 생각할 수 있을 테고, 배우지 않았으면 몰랐기 때문입니다. '위안부' 여성들은 지금도 상처를 지고 힘들어 하겠지요. 이 문제를 똑바로 이해하고 조금이라도 이 사람들에게 협력하고 싶습니다. 그러기 위해 무얼 해야 하는지 지금은 모르지만 고민하고 싶습니다.

C 제가 '위안부'가 된다면, 아마 어떻게든 죽으려고 할 테지요. 죽고 싶지 않지만 죽는 게 차라리 낫습니다. 그래서 같은 여성으로서 '위안부' 피해자들의 마음을 생각하면, 무척 슬퍼집니다. 현재 일본에서는 믿을 수 없는 일이지만, 오십 몇 년 전에 일어난 사실이니까, 관계없다며 도망칠 수는 없을 것입니

다. 전쟁이 어떤 것인지 잘 공부해서 알면, 전쟁이 옳다는 소리는 아무도 안 할 것입니다. 전쟁이라는 것이 얼마나 많은 사람을 상처 입히고 슬프게 하고 희생하는지 알면, 온 세계에서 전쟁을 없앨 수 있을 거라 생각합니다. 세계 여러 나라 중에서 일본은 풍족하고 날마다 행복하게 살 수 있지만, 지금도 내란과 분쟁으로 집을 잃고, 먹을 것도 없는 나라가 많이 있습니다. 저는 지금까지 그런 일이 저와는 관계없다고 생각했는데, 전쟁을 배운 뒤로 눈길을 주게 되었습니다. 일본에게 부정적인 면이지만 15년 전쟁을 배우고 제 생각이 깊어진 것 같습니다.

D 만약 입장이 반대(우리가 피해를 입는 쪽)였다면 일본 아이들에게 사실을 가르쳐 주기 바랄 것입니다. 사실에서 눈을 돌려서는 안 됩니다. 일본이 싫어질 거라는 등 말을 하지만, 젊은 사람들이 사실을 모른 채 또다시 같은 일을 반복한다면, 지금까지 전쟁에 대해 이야기해 온 사람들과 전쟁으로 돌아가신 외국 사람들에게도 미안하고 헌법 9조를 만든 의미도 다 사라져 버릴 테지요. 평화를 바란다면 사실을 알아야만 합니다.

E 인간은 과거의 일을 양식 삼아 지금과 미래를 살아가려 하니까, 그 양식이 되는 사실을 지워서는 안 된다.

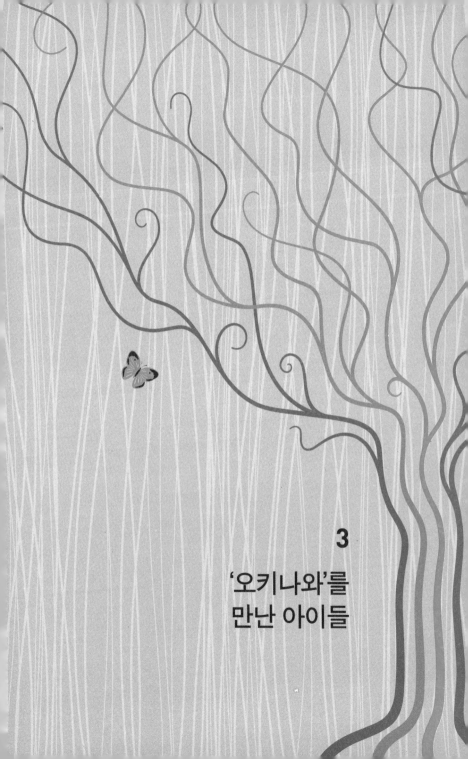

3

'오키나와'를
만난 아이들

'당신이 힘내야 해요'

　내게는 잊을 수 없는 사람이 있다. 히메유리 학도대 *의 일원이었던 미야기 기쿠코 선생님이다(2014년 12월에 사망). 히메유리 학도대로 비참한 체험을 한 미야기 선생님은 아이들에게 이야기를 할 때 자신의 체험뿐 아니라 지금 사회의 문제와 그 속에서 일어나는 일에 대해서 꼭 이야기했다.

* 　오키나와전(1945년 3월~6월)에서 일본과 미군을 합쳐서 20만 명 이상이 사망했고 그중 절반은 오키나와 주민이었다(당시 오키나와 인구는 30만 명 남짓이었다). 일본군은 10대 중학생부터 사범학교생까지 많은 학생을 동원했다. 고등여학교 4학년이던 미야기 기쿠코도 '히메유리 학도대' 일원으로 육군병원에 배치되었다. 학생 122명, 교사 18명 등 총 140명으로 구성된 이 학도대에서 살아남은 사람은 4명뿐이다. 생존자들은 오키나와현 이토만시 이하라에 '히메유리 평화기념자료관'을 열어 이 비극을 후세에 전하고자 노력하고 있다.

내가 처음 미야기 선생님을 만난 건 2002년이었다. 수학여행에서 아이들에게 강연을 해 달라고 부탁하기 위해 오키나와에 갔을 때였다. 그때 들은 말은 지금도 기억한다.

"9.11테러가 일어나고 오키나와에 수학여행 오는 일이 줄었어요. 왜 그런지 아세요?"

"오키나와가 위험하다고 생각하기 때문일까요?"

"수학여행 오는 아이들에게 이야기를 해 달라고 의뢰한 학교 선생님도 계면쩍은 듯이 말했어요. 오키나와에 가는 건 지금은 위험하니까 행선지를 바꾸기로 했다고, 이번 의뢰는 없던 일로 하자는 거예요. 당신은 어떻게 생각해요?"

"오키나와에 미군기지가 있으니 오키나와를 노릴 거라고 생각했군요. 학교라면 위험하다고 판단할 거 같아요."

"당신은 어때요?"

"……."

"위험한 오키나와. 하지만 오키나와 사람은 그 위험한 오키나와에서 어디로 가야 하지요?"

"……."

"오키나와를 위험에 빠뜨리는 건 누구일까요?"

"기지를 둔 미국과 그걸 인정한 정부예요. …… 아니, 오키나와에 기지를 두도록 인정한 정부를 고른 우리일지도 …….”

“히라이 씨, 당신을 탓하는 게 아니에요. 하지만 오키나와가 그런 상황에 놓인 것, 그리고 본토 사람들은 오키나와가 위험하면 여행지를 바꾸면 그만이라고 생각한다는 것, 즉 오키나와가 위험하다는 것을, 현재 상황을 용인하고 있다는 사실을 알아 줬으면 해요.”

“선생님이 하고 싶은 말씀, 뼈저리게 이해합니다.”

“미안해요. 히라이 씨한테 이런 소리를 해도 어쩔 수 없는데. 하지만 시원해졌어요. 누군가에게 얘기하고 싶었거든요. 그럼 내년 이야기를 하지요.”

“선생님, 저는 오키나와에 강제로 기지를 세우고 그대로 둬서는 안 된다고 생각해요. 아이들에게도 이 얘기를 포함해서 오키나와에 대해 가르치고 싶어요.”

이런 이야기를 하고서 2003년 수학여행 때 만나기를 기대하고 있던 나는, 안타깝게도 이듬해에 전근 결정이 나서 중학교 3학년이 된 아이들만 오키나와로 보내게 되었다. 수학여행 당일, 아이들은 시끌벅적하게 보안검사장 입구를 지났다. 배웅하러 간 나는 혼자 이타미공항(오사카공항)에 남겨졌다.

그때 일을 만회하고 싶기도 해서, 전근한 학교에서 오키나와 수학여행을 갈 때는 반드시 미야기 선생님 이야기를 듣기로 마음먹었다.

2005년 여름방학, 이듬해 있을 수학여행에 대해 의논하려고 히메유리 평화기념자료관에 갔더니 미야기 선생님이 나와서 맞아 주었다. 응접실 소파에 앉자마자, 내가 수학여행 이야기를 꺼내기도 전에 미야기 선생님은 어쩔 줄 모르겠다는 듯 이야기를 시작했다.

"히라이 씨, 오사카에서 왔지요? 오사카에서 중요한 재판이 열리고 있어요."

"무슨 일이죠?"

지금 생각하면, 나는 너무 느긋한 인간이었다. 그때 오사카에서 중요한 재판이 열리고 있다는 사실을 까맣게 모르고 있었다.

"후지오카 노부카쓰랑 그쪽 사람들이 '오키나와 프로젝트'라는 걸 만들어서 5월에 오키나와에 왔어요. '집단자결'에 대해서 조사한다는 것 같았지요. 조사한다고 말은 하면서 이 자료관에는 오지 않았지만……"

"뭣 때문일까요?"

"오키나와에서 일어난 '집단자결' 알아요?"

"네, 자마미, 도카시키, 요미탄°에서 일어난 일이지요?" "자마미와 도카시키에서 일어난 '집단자결'은 일본군이 지시한 것이 당연한데도, 일본군 대장은 명령을 하지 않았다고 주장하는 거예요. 그 때문에 오사카에서 재판을 시작했어요."

"어떤 재판인가요?"

"오키나와에서 일본군 지휘관이었던 사람들이 《오키나와 노트》(이와나미신서, 1970년)를 쓴 오에 겐자부로大江健三郎(1935년~현재)°° 씨와 이와나미서점을 고소해서 시작한 거지요."

°　　　요미탄読谷村은 오키나와시 서북쪽에 있는 마을이다. 요미탄에서 서북쪽 해상에 도카시키渡嘉敷와 자마미座間味섬이 나란히 있다. 도카시키섬은 배봉기 할머니가 지낸 곳이기도 하다.
°°　　　제2차 세계대전 패전 이후의 일본 전후세대를 대표하는 작가로서 전쟁 체험과 후유증을 소재로 사회비판적 작품을 많이 썼다. 1994년에 《만엔 원년의 풋볼万延元年のフットボール》로 노벨문학상을 수상했다. '만엔'은 에도 말기 연호로 1860년이다.

"뭐라고요!"

오키나와전의 실상을 둘러싸고 일어난 큰 재판. 그런 것도 모른 채 나는 아이들을 오키나와에 데려오려 했나? 내 자신이 부끄러웠다. 수학여행 논의보다도 오키나와전과 '위안부'를 둘러싼 역사 왜곡 문제 이야기에 빠져들었던 걸 기억한다.

"히라이 씨, 당신이 힘내야 해요. 오사카에 있는 당신이. 오키나와전의 진실이 왜곡되지 않도록 함께 힘써 주세요."

미야기 선생님과 헤어지면서 악수를 나눴을 때 느낀 손의 온기와 힘은 그 뒤로 내가 싸우는 원동력이 되었다.

오사카에 돌아와서 오에·이와나미 오키나와전 재판에 대해 조사해 보았는데, 역사학에 종사하는 연구자들과 오키나와 문제에 관심 있는 사람들 사이에서도 놀랄 정도로 움직임이 둔했다.

오에·이와나미 오키나와전 재판에 대해 짚어 두자.

'새로운 역사 교과서를 만드는 모임'의 후지오카 노부카쓰를 중심으로 구성한 '자유주의사관연구회'가, 오키나와전 때 자마미섬, 도카시키섬에서 일어난 '집단자결'이 일부 교과서에 쓰인 것처럼 일본군의 명령에 의한 것이 아니라는 걸 검증하고자 했다. 2005년 6월에는 '오키나와 프로젝트'라는 조사 작업을 시작했다. 같은 해 8월 5일 자마미섬 부대장이었던 우메자와 유타카(당시 오사카 거주)와 도카시키섬 부대장이었던 故 아카마쓰 요시쓰구의 동생 히데카즈가 원고로서 오사카지방재판소에 제소하였다. "두 섬 주민들의 집단자결은 일본군의 명령에 의한 것이 아니며, 《오키나와 노트》에 일본군의 명령이라고 기술한 것은 명예훼손이다."라면서 저자 오에 겐자부로와 이와나미서점에 대해 명예훼손과 출판을 중지하라고 요구했다. 이 재판은 빈틈없이 준비된 것으로, 제소에 맞추어 '오키나와전 집단자결 면죄소송을 지원하는 모임'이 발족했고 30명 넘는 대리인이 재판을 지원했다. 그중에는 전직 방위장관인 이나다 도모미稻田 朋美도 있었다.

그에 맞서는 오에 겐자부로와 이와나미서점을 지원하는 사람들은 2006년 3월 제3회 구두변론이 있던 밤에 학습모임을 열고 6월 9일에 '오에·이와나미 오키나와전 재판 지원연락 모임'을 발족시켰다. 나도 이 모임의 실무자로서 참가했다. 미야기 선생님 말씀에 대한 내 나름의 응답이었다.

재판은 2008년 3월에 오사카지법에서 오에·이와나미 쪽이 승소, 같은 해 10월 오사카고법에서도 오에·이와나미 쪽이 승소, 2011년 4월 최고재판소에서 오에·이와나미 쪽의 승소가 확정되었다. 하지만 그들이 노린 건 재판뿐만이 아니었다. 바로, 교과서였다. 2007년 3월, 2008년도용 고교 역사 교과서 검정 결과가 발표되었다. 거기서 '오해할 우려가 있는 표현'이라는 검정 의견이 붙어 '집단자결'을 일본군이 강제로 지시했다는 기술이 삭제되었다. 검정 결과가 보도 해금되기 전날, 오에·이와나미 오키나와전 재판의 법정이 열렸다. 그 법정을 방청하고 있던 내 귀에 "이걸로 이 재판 목적은 거의 달성했어. 내일 발표될 고교 교과서 검정 결과에서 '집단자결'을 일본군이 강제했단 말이 사라질 거야."라는 목소리가 들렸다. 그들이 이 재판을 연 목적은 교과서였다는 사실을 깨달았다.

오키나와에서는 2007년 9월 29일 '교과서 검정 의견 철회를 요구하는 현민대회'가 개최되었다.

참가한 사람들은 오키나와전을 왜곡하는 일에 분노를 느꼈고, '역사의 풍화는 전쟁을 부른다', '오키나와전의 실상을 교과서에!' 같은 플래카드를 들고 항의했다. '오키나와전의 진실을 왜곡하는 일은 용서할 수 없다'며 '집단자결' 체험자도 자신을 드러내고 이야기하기 시작했다. 현재 쓰이는 교과서에서도 이

（1）　総合　1版

（1968年2月2日第3種郵便物認可）

ABC認証紙

主な紙面案内

3面　「妻は家庭」反対　初の過半数

35面　力士急死、親方は介抱指示せず

告別式の案内　11面

琉球新報
THE RYUKYU SHIMPO

2007年（平成19年）

9月30日日曜日

第35462号

発行所 琉球新報社

11万6000人結集

県民大会に集った11万人の参加者＝2007年9月29日午後4時ごろ、宜野湾海浜公園（本社チャーターヘリから山城博明）

日本ハム連覇
プロ野球　パ・リーグ

秋田国体開幕　県代表、堂々行進

【秋田市由利本荘市】
デンファレを掲げ、堂々と入場行進する県選手団＝29日午後、秋田県立中央公園陸上競技場

9.29 検定撤回 県民大会

2、3、34、35面に関連

15、16、17、18、19面で特集

文科省を批判

「軍強制記述回復」を決議

検定撤回要求

文科省「重く受け止める」
検定審意見　従来通り妥当性強調

野党、国会で追及へ

民主・菅氏「決議提出も視野」

大会決議文

2007년 9월 29일 오키나와현 기노완시 해병공원에서 열린 '교과서 검정 의견 철회를 요구하는 현민대회'를 보도하는 《류큐신보》(2007년 9월 30일). TV방송 안내 란을 뒤로 옮기고 1면과 36면을 이어 거대한 양면 펼침 기사를 작성했다.　(사진: 《류큐신보》 제공)

검정 의견은 철회되지 않았다. 정권으로서는 아이들에게 가르치고 싶지 않은 역사 중 하나가 '집단자결'이었기 때문이다.

교과서에서 사라진 '위안부'

2006년에 오키나와로 수학여행 간 아이들의 교과서부터는 '위안부' 기술이 사라졌다. 제국서원과 일본서적신사, 시미즈서원만이 간신히 각주로 남겼지만, 스이타 중학교에서 사용하는 오사카서적판에서는 완전히 사라지고 없었다. 그 배경에는 '위안부' 사실을 왜곡하는 정부 각료들의 발언과 언론의 자주규제, 교과서 회사에 대한 압력 등이 있었다. 2003년, 고이즈미 준이치로 내각 아래 이라크 부흥 지원 특별조치법이 생겨, 자위대가 이라크에 인도 지원 명목으로 파견되었다. 이 파견이 원인이 되어 일본인 세 명이 무장세력에게 인질로 잡혔다가 풀려났으며, 2005년 10월에는 일본인 청년 한 명이 인질이 되어 살해당하는 일이 벌어졌다. 같은 해에 앞서 말한 오에·이와나미 오키나와전 재판도 일어나, 역사의 진실을 왜곡하는 움직임이 가속되었다. 공모죄* 상정이 행해진 것도 그 즈음이다.

역사수정주의자들은 더욱 격렬하게 근현대사를 비난했다. 특히 난징대학살, 일본군 '위안부', 오키나와전 '집단자결'이 공격 대상이었다. 이 비난에 대해 교육 현장에서 어떻게 항거할지가 큰 과제가 되었다.

2006년 아이들을 데리고 오키나와로 출발하는 날은 4월 22일이었다. 그때까지는 근현대사를 가르쳐 두고 싶었다. 2학년 3학기부터 사회과와 종합적인 학습 시간을 써서 아시아태평양전쟁과 오키나와전을 둘러싼 문제를 다루었다.

'위안부' 수업은 김학순 할머니 기자회견으로 시작. 위안소가 있던 장소, 사람들이 '위안부'가 된 경위와 상황 소개. '위안부'로 끌려온 사람들이 전후에 어떤 인생을 보냈는지와, 40년 이상 지나서 사실을 밝히기 위해 나선 사람들의 마음과 그 의미를 생각하는 시간으로 수업을 구성했다. 또한 배봉기 할머니처럼 오키나와에 끌려온 '위안부'가 있다는 사실도 소개했다.

* 　　공모죄는 세 번 상정되었다가 폐기되었으나, 2017년 아베 내각에서 정부 안이 통과되었다. 테러 범죄를 명목 삼았으나 테러에 초점을 맞춘 내용은 없고 일반 시민이 대상이 될 수 있다는 점이 문제되었다. 《아사히신문》은 2019년 7월 10일자 기사에서 공모죄가 시행된 지 2년이 지났지만 적용된 사례는 없었다고 보도했다.

그리고 김학순 할머니의 요구, 그에 답하지 않는 정부의 대응 사실을 알아 간다. 학생들한테서 "왜 군대에 '위안부'가 필요해요?"라는 질문을 받았다. 그에 대해 '중일전쟁과 항일 항쟁' 수업에서 배운 내용을 떠올려 보게 했다. 일본군에 의한 강간이 많이 발생하고 전장에서 현지 조달한다는 데 대한 수업이었다. 그러자 '강간 방지', '여성도 물건으로서 조달했다', '일본군 부대가 강간을 공적으로 인정한 것'이라는 의견이 나왔다.

이때 수업에서는 현재진행형으로 '위안부'에 관한 재판(자료편 참조)이 진행 중인 걸 소개하고, 재판 배경에 무엇이 있는지를 생각해 갔다. '혼자였다면 하지 못했을 테지만, 피해를 입은 여성들이 함께 행동을 일으켰다', '자신을 책망해 온 여성들이 자신을 나쁘지 않다고 생각하게 되었다', '나이 먹어서 죽기 전에 자신의 자존심을 되찾고 싶었다', '일본 정부의 공식 사죄를 받고 싶었다', '다 함께 일어서다니 대단해요! 그 재판은 어떻게 됐어요?' 하는 목소리가 나왔다.

재판 결과에 대해서 '모두 위안부들의 호소를 못 들은 척했지만 10건 중 8건은 위안부들의 피해를 인정받았다'고 이야기하자, 학생들은 "피해를 인정하는데 왜 '위안부'가 져요? 이상해요!"라고 물었다. 굳이 대답은 하지 않았다. 아이들이 그러한

도카시키섬 아리랑 위령 기념물

판단을 내린 사법부와 '위안부' 문제 해결을 향한 정부 대응에 스스로 의문을 던지게 되려면, 그러는 게 낫다고 생각했기 때문이다.

1997년 역사 교과서와 학생들이 쓰던 교과서(스이타시 교과서는 1997년까지는 오사카서적, 그 후에는 오사카서적의 판권을 사들인 일본문교출판)를 나란히 보여주었다. '위안부' 기술이 있고 없는 이유가 뭔지를 생각하게 하려는 것이었는데, 이 역시 당시 사회 상황을 알아주기 바랐기 때문이다.

'위안부' 기술에 대해, 당초 정부는 군의 관여를 부정했으나 김학순 할머니의 증언을 발단으로 조사에 착수하였고, 최종적으로는 고노 관방장관이 군의 관여를 인정하고 사죄한 일, 그 일을 계기로 교과서에 내용을 싣게 된 경과를 소개했다. 그리고 "지금, 그 기술이 없어졌어."라고…….

　수업 마지막에는 김학순 할머니의 증언으로 돌아가 할머니의 바람을 생각하게 함과 동시에, 한국의 '위안부'들과 그 지원자들이 서울에 있는 주한일본대사관 앞에서 여는 '수요집회'를 소

주한일본대사관 앞에서 열리는 '수요집회'

개했다. 그리고 그들의 요구(①일본군 '위안부'의 법적 인정 ②국회 결의 사죄 ③실태를 명확히 밝힐 것 ④위령비와 자료관을 세울 것 ⑤법적 배상 ⑥역사교육에서 가르칠 것 ⑦책임자 처벌)를 제시했다. 한편, 고노 담화를 지키지 않는 상황과 정치가들이 잘못을 부정하는 발언('위안부는 쓰레기 같은 존재', '위안부는 명백히 거짓말을 하고 있다', '돈을 벌고 있었다', '강제가 아니었다')을 일삼는 가운데 우리는 이 문제를 어떻게 마주해야 좋을까 질문을 던졌다.

상당한 분량이다. 아이들은 어떻게 받아들였을까?

행동할 용기를 계승하고 싶다

'위안부' 수업을 한 다음에 학생이 쓴 짧은 감상을 소개한다.

A '위안부'가 오랫동안 침묵을 지키고 40년 이상이 지나서 발언한 것은 굉장하다. 그렇게 오랫동안 괴롭게 했다니 일본 정부의 행위를 용서할 수 없다. '위안부' 피해자들이 일어나 행동하는 용기를 우리도 계승하고 싶다.

B 괴로워서, 떠올리는 것도 싫어서, 자신을 용서할 수 없어서……. '위안부' 피해자들을 생각하면 눈물이 난다. 그렇지만 그분들이 이제라도 일본 정부에 자신들의 요구를 밝힌 것이 대단하다.

C 이 문제는 인종 차별이고 여성 차별이다. 강제인지 아닌지가 아니라 절대 도망칠 수 없는 곳에 몰아넣고 날이면 날마다 몇십 명이나 되는 병사들을 상대하게 만들다니, 거의 살인이다. 내가 병사가 된다면, 여성을 여성으로 보지 않는 인간이 되어 버릴까 무서웠다.

D 일본인으로서 이렇게 끔찍한 짓을 했다는 걸 인정하고 싶지 않다. '위안부' 수업은 그런 뜻에서 인상에 남는다.

감상을 읽으면 '위안부'를 비롯한 전쟁의 실태를 배움으로써 전쟁에 대해 깊이 생각하게 되었다는 이야기가 적지 않다. '일본을 알아야만 아시아와 우호를 쌓아 갈 수 있다', '우리한테는 전쟁의 책임이 없는 게 아니라, 전쟁을 모르는 세대로서 역사를 알고 그것을 계승해 갈 책임이 있다'라고 쓴 학생. '사죄를 하는 건 정부이지만 일본인으로서 어두운 부분도 포함해서 과거 일을 알고, 헌법 9조를 토대로 한 평화로운 사회를 만들고 싶다'는 감상에서는 평화를 간절히 바라는 마음이 느껴졌다.

또한 전쟁 피해자인 '위안부'가 40년 넘는 침묵을 거쳐 스스로 목소리를 높이고, 지원자와 연대함으로써 여성의 지위 향상 운동을 이끌어 가는 모습을 알고, '위안부'들이 역사를 움직이는 주체가 되어가는 데 공감을 느낀 학생도 있다. 한편으로 감정 측면에서 이 문제를 인정하고 싶지 않다는 말을 줄곧 한 학생도 있다.

이러한 인식을 다지는 장으로 오키나와 수학여행을 배치했다. 오키나와전투을 포함한 아시아태평양전쟁을 배우고 미군 기지 문제를 알게 된 아이들이 평화 문제에 대해 어떻게 자신의 생각을 심화시켜 갔는지 보자.

수학여행이 아이들을 바꿨다

2006년 4월 22일, 아침 햇살 속에서 들썩거리는 학생들과는 대조적으로 인솔 교사의 얼굴은 어쩐지 어두웠다. '불안'. 교사들이 수학여행 때 품는 기분이다. "비행기, 회항하지 않고 무사히 오키나와에 갈 수 있으면 좋겠는데……." 다른 학년 교사가 한 이 말을 지금도 잊을 수 없다. 사보타주, 교사를 향한 폭언, 수업 방해처럼 불안정한 상황이 계속된 학년. 그래도 학년 교사 집단은 민주적인 사고방식을 공유하며 즉시 효력을 나타내지 않더라도 아이들과 꾸준히 대화하는 방법에서 희망을 찾으려 하고 있었다.

학생들 마음에 감명을 줄 수 있는 건 무엇일까? 이해하는 수업, 아이들 마음을 끌어당기는 수업을 통해 학생들을 바꿀 수는 없을까?

나는 아시아태평양전쟁과 오키나와 종합평화학습을 통해 감정에 호소할 뿐만 아니라, 전쟁이 어떤 것인지 실상을 알리고 현재의 문제를 제기함으로써 아이들의 정의감을 끌어내고 싶었다. 오키나와에 가는 아이들이 오키나와에서 전쟁의 참모습을 보고 오키나와에 미군기지가 집중된 현상을 알아주기 바랐다. 거기서부터 시작해 평화에 대해 생각해 주기 바랐다. 그리고 평화로운 사회를 만드는 주체로서 내 주변부터 돌아보기 바랐다.

아이들을 태운 비행기는 회항하는 일 없이 무사히 나하*공항에 도착했다.

열풍이 뺨을 핥는다. 아이들은 꽤나 들뜨고 긴장했다. 우선은 평화 학습이다. 많은 사람이 '철 폭풍'**에서 몸을 지키기 위해 숨어든 자연동굴. 오키나와현 야에세쵸 누누마치가마***는 질퍽거렸다. 아이들은 긴장하면서 들어갔다. 일본군이 병원 시설로 사용한 동굴 안에서 평화 가이드의 이야기를 듣고 교실에서 배운 것과 연결된다는 사실에 놀란 학생들. 너무 긴장한 나머지 신야가 빈혈을 일으켰다. 신야는 반에서 가장 개구쟁이이고, 그 애가 하는 말은 어째선지 반 분위기를 바꾸는 데 큰 영향력을 발휘한다.

"왜 그래, 항상 위세 좋더니?"

* 　오키나와 남서부에 있는 현청 소재지. 1933년 해군 비행장으로 시작해 태평양전쟁 때 군용 비행장으로 쓰였고 1972년 반환 전까지는 미군이 관리했다. 항공자위대 나하 기지가 인접해 있으며 민간기와 자위대기가 공동 사용한다.
** 　제2차 세계대전 말, 오키나와를 덮친 미군의 무차별 공습과 함포 사격을 이른다.
*** 　오키나와 남단 야에세八重瀬의 전원지대에 위치한 길이 500미터 자연동굴이다. 이중 서쪽을 누누마치가마라 부르며, 오키나와전 당시 부상병 치료 시설로 쓰였다. 이곳 역시 여학생들로 이루어진 '시라우메 학도대白梅学徒隊'가 동원되어 많은 목숨을 잃었다. 동쪽은 가라비가마라고 부른다.

"이렇게 진지하게 남의 이야기 들은 거 처음이에요."

"뭔가 충격 받았니?"

"음, 이렇게 캄캄한 동굴이 병원으로 쓰였다는 게 충격이었고, 다른 동굴에는 '위안부'도 있었단 얘기를 듣고, 오키나와에도 '위안부'가 있었다는 데 놀랐어요. 그리고 오키나와에서는 일반 주민이 일본군에게 학살당했다는 이야기도요."

"전쟁이 났던 장소에 선다는 건, 전쟁을 실감하는 거지."

"벌써 상당히 실감하고 있어요."

오키나와현 야에세쵸 누누마치가마에서 평화가이드의 설명을 듣는 아이들

히메유리 학도대 미야기 기쿠코 선생님의 이야기를 들으려고 맨 앞줄에 선 아이들은, 평소 학교 수업에 눈곱만큼도 관심 없었던 개구쟁이들이었다. 함께 간 교사가 불안한 목소리로 나에게 말을 걸었다.

"쟤들이 왜 저렇게 앞에 앉았을까요? 시끄럽게 굴면 어쩌지요? 히라이 선생님. 이러니까 자리를 정해 뒀어야 해요."
"아니요, 이럴 때야말로 학생들의 자세가 나타나요. 저 아이들은 듣고 싶은 거예요."

맨 앞줄에 자리한 개구쟁이 아이들은 걱정을 날리듯이 끝까지 열심히 듣고 있었다. 겐타로는 수학여행에서 무엇이 가장 인상에 남았는지 썼다. 겐타로는 정의감 넘치는 정통파 학생이다.

미야기 선생님 말씀 중에 가장 기억에 남은 건 '이제부터는 총과 폭탄이 아니라 말로 평화를 쌓아 가는 시대'. 평화를 쌓는 건 대화. 그렇게 생각하니, 나도 뭔가 할 수 있을 거 같다.

오키나와전을 전할 책임

"오키나와 연극을 해 보지 않을래?"

문화제 연극을 정하는 회의에서 내가 제안했다. 바로 거절할
줄 알았는데 늘 금방 깝죽대는 마사오가 말했다.

"오키나와에서 이야기해 주신 미야기 기쿠코 선생님께서 그러
셨잖아. '너희들이 전쟁 이야기를 전해 줘'라고. 그러니까 하자."

마사오는 문화위원이지만 문화하고는 거리가 먼 학생이었
다. 뭐라고 하면 금방 화를 낸다. 하지만 눈물도 많고 남에게는
상냥하다. 게다가 신야도 손을 들었다. 자주 교사를 애먹이는
두 아이가 오키나와 연극을 추천하자 아이들 모두 놀랐다.

"미야기 선생님 이야기를 들은 우리한테는 전할 책임이 있잖
아? 코믹극은 다른 반에서도 할 수 있어. 하지만 이 연극은 우
리 반에서만 할 수 있어."

"오키나와 연극을 하면 진짜 좋겠지만 이렇게 중요한 메시지를 전할 수 있을지 자신이 없어. 게다가 너무 무거워서 마음이 힘들어."

그렇게 말한 건, 가장 열심히 오키나와에 대해 공부한 아야(가명)였다. 아야는 그린 듯한 우등생이다. 그런데 1학년 때 반에서 한 말이 친구들에게 오해를 사서 친구들과 관계를 잘 맺지 못한 경험이 있기 때문에, 눈치를 보면서 자기 의견은 항상 마지막에 말했다.

반에서 논의한 바, 코믹극과 오키나와 연극이 거의 비슷한 표를 얻었다. 정말 우열을 가리기 힘들었는데 한 표 차이로 코믹극이 결정되었다. 마사오와 신야는 불만인 듯했다. 그런데 문화위원회에서 코믹극을 다른 반에 양보하고, 오키나와 연극 〈1945년 여름 오키나와, 우리는 전쟁터에 있었다〉로 변경했다. 나중에 둘에게 물었더니 "반 애들은 분명히 알아줄 거라고 생각했어요."라는 답변이 돌아왔다. 둘이 문화위원회에서 정한 결과를 발표하자 아이들은 수긍했다.

연극은 히메유리 학도대가 주인공이다. 부상당한 병사와 히메유리 학도대를 인솔한 교사들도 등장하며, 전장에서 사람들의 생각이 얽히고설킨다.

"동굴에서 죽은 병사들은 진심으로 천황 폐하 만세를 외쳤을
까?"
"일본군은 민중을 지키지 않았다고 똑바로 말하자."

연습을 하면서 학생들은 당시 사람들의 심정을 생각하며 수
학여행에서 배운 것을 다시 체험해 갔다.
연극 마지막에 히메유리 학도를 연기한 아야는 평화를 향한
마음을 호소했다.

"어떤 이유에서든 전쟁은 용서할 수 없습니다. 나라와 나라
가 서로 싸워도 사람과 사람 사이는 그렇지 않습니다. 생명이
야말로 가장 중요한 것입니다. 생명 속에 최상의 가치가 있습
니다. 벗을 위해서라도 힘을 다해 살아가는 일이, 그때 오키나
와의 비극에서 저를 구해 줍니다. 우리가 이 평화를 지켜 나가
는 것이, 희생자를 위해 지금 할 수 있는 최선의 일입니다."

박수가 끊이지 않았다. 막이 내렸어도 무대 위 아이들은 조

용히 1945년 전쟁터에 있었다.

문화제가 끝나고 교무실에 늦게까지 남아 있는데 신야가 찾아왔다.

"선생님, 잠깐만요."

"왜? 벌써 여섯 시 넘었어."

"선생님, 그…… 이 연극 하게 해 주셔서 고마워요."

살며시 부끄러운 듯이 불쑥 말하는 신야의 눈에는 빛나는 것이 있었다.

"나야말로……고마워."

그렇게 말하는 게 고작이었다.

평화의 초석*에 새겨진 이름을 더듬어 한 사람 한 사람의 죽음을 받아들이고, 생명의 무게를 실감한 학생. 전쟁에 대한 의

---

* 　오키나와현 이토만시 평화기념공원에 설치된 위령탑. 적과 아군을 가리지 않고 오키나와전 전몰자 이름을 모두 새겨 놓았다. 새겨진 이름은 2018년 6월 1일 기준으로 24만 명을 훌쩍 넘었다.

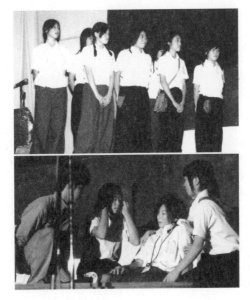

문화제에서 아이들이 공연
한 연극 〈1945년 오키나와,
우리는 전쟁터에 있었다〉

문을 던진 학생. 일부 권력자가 사리사욕에 눈멀어 벌이는 것
이 전쟁의 본질이라고 말한 학생. 무력을 수단으로 삼지 않는
평화를 찾자고 말한 학생. 오키나와 사람들의 아픔(전쟁에 의한
아픔과 현재 미군기지 때문에 겪는 아픔)과 마음을 이어 가려고 하
는 학생. 다음 세대에 이야기를 전하려고 하는 학생. '자신이 할
수 있는 일은 뭘까?'라고 묻는 학생.

이번 연극을 한 아이들은 연극 속에서 오키나와를 다시 체
험하고, 평화를 실현하고 전쟁을 일으키지 않으려면 무엇을 할

수 있을까 생각했다. 교실과 오키나와에서 배운 것을 연결지어, 일본의 정치와 세계 평화에 대해 진지하게 생각하기 시작했다. 이 연극을 끝내고 아야가 쓴 글이다.

처음에는 우리 연기로 오키나와를 전할 수 있을지 불안했습니다. 하지만 연습을 거듭하는 동안, 괜한 걱정이었다는 걸 깨달았습니다. 부상병들은 모두 괴로워 보였습니다. 청산가리 자결 장면, 미야기 선생님이 "가지 마!"라는 말을 남기고 죽는 장면. 무대 옆에서 보기만 해도 슬퍼졌습니다. 고작해야 아마추어들의 연극, 그래도 전원 열심히 연기했기에, 그때는 분명히 이런 장면이 많았을 거라고 생각하게 만들 수 있었던 것 같습니다.

우리가 할 수 있는 건 전쟁의 비참함을 알고, 이렇게 훌륭한 환경 속에 태어나 자란 것을 고마워하고, 그때 열심히 살려고 한 사람들에게 부끄럽지 않게 '힘을 다해 사는 것'이라고 생각합니다. 제가 연기한 히메유리 학도의 마지막 대사도 이것을 강하게 호소하고 있었습니다. 4반이었기에 할 수 있었던 이 연극. 매번 진심으로 연습하고 다 함께 생각하고 여러모로 궁리했습니다. "고맙습니다!"라고 목소리를 모아 인사했을 때 밀려

온 박수. 몸속 깊은 곳까지 울린 듯했습니다.

"잘 전했구나……."

'서명 모으고 있어!'

"선생님!"

2006년 11월, 역 앞에서 교육기본법 개정 반대 전단을 나눠
주고 있는데 학원에 가던 아이 둘이 마침 거기를 지났다.

"저희도 같이 나눠 줄게요!"
"아니야, 너희한테 시킬 순 없어."

의욕 넘치던 아이들은 쫓겨나자 시무룩한 얼굴로 학원을 향
해 갔다. 중학생들도 교육기본법 개정 문제는 신경 쓰이는가
보다. 이튿날 아침, 어젯밤 두 아이가 "선생님. 그렇게 중요한
문제인데, 전단을 받는 사람이 적어서 열 받아요."라고 화를 내

면서 말을 걸어왔다. 아이들이 뭔가 움직이는 모양이다.

어느 날, 우리 반 신야가 털어놓았다.

"선생님, 저 서명 모으고 있어요!"

"무슨?"

"당연히 교육기본법 개정 반대죠!"

"뭐? 진짜? 너, 겁 줘서 서명 받는 건 아니겠지?"

"제대로 얘기한단 말이에요! 처음에는 전혀 알아주지 않았지만 '교육기본법은 교육의 헌법이야. 그 법률을 정부 마음대로 바꾸면, 전쟁에 협력하는 애국심 가진 아이들을 만들어 내려 하는 게 뻔하잖아' 하니까, 애들이 '무서운 일이 일어나고 있네' 하면서 서명해 줬어요. 우리 학년 절반은 모았어요."

"왜 서명 받을 생각을 했니?"

"애들이 옳고 어른이 틀릴 때도 있잖아요? 그런데 그럴 때도 애들한테는 따르라고만 하죠. 전 그럴 때, 날 나쁜 애라 생각한 대도 따르지 않을 거예요. 요령껏 한대도, 제가 납득할 수 없다면 따르기 싫어요. 저는 아베가 총리가 되어서 진짜로 무서워요. 공모죄 법률이 생기고 교육기본법이 바뀌면, 학교는 달라져요. 지금보다 더 관리적인 교사가 늘고, 뭐든지 억지로 떠밀

거예요. 학생이 하는 말은 아무도 듣지 않겠죠. 학교에서 모든 게 강제될 테죠. 지금 그게 닥쳐오는 거잖아요."

신야는 진지하게 생각하고 있었다.

11월 6일, 교육기본법 개정안은 중의원 특별위원회에서 야당이 결석한 가운데 강행 채결.

이튿날 신야는 침울했다. 하지만 포기하지는 않았다. 이런 문자를 보내 왔다.

"저랑 같은 마음으로 정말 많은 사람이 행동하는 데서 용기를 얻었어요. 후세 사람들에게 괴로움을 주지 않기 위해서라도, 지금 내가 할 수 있는 일을 모두 다 하자, 그리고 어떻게든 개정안을 폐지하자, 그렇게 생각했어요."

신야가 자기 의사로 이런 행동을 할 만큼 사회 인식을 갖고 있었던 데는, 결코 학교만이 아니라 민주적인 가정 환경도 영향을 끼쳤다는 걸 졸업 후에 알았다.

우리 목소리를 들어 줘

"선생님, 크리스마스 라이브 중지라던데요! 왜 항상 우리가 하는 게 중지되는 거예요?"

직원회의에서 학생회 담당자가 갑자기 '마음 맞는 아이들이 하는 크리스마스 라이브를 학교 행사로 하는 건 이상하다'는 이유를 들고 나와서 크리스마스 라이브 중지를 발표한 것이다. 진짜 이유는 '3학년이 문제 행동을 일으키니까'였다.

라이브 중지 소식을 들은 아이들은 술렁거렸다.

"아무것도 안 하고 졸업하는 건 '거친 학년'이라는 딱지를 인정하는 거나 마찬가지야. 우리 목소리를 들어주면 좋겠어."라고 주장하는 아이들. 말썽쟁이 친구들을 차갑게 보던 아이들도 행동에 나섰다.

"전교 조례는 절대 지각하지 마!"

아이들은 문자를 돌렸다.

신야한테 걱정된다는 문자가 왔다.

"선생님, 문자 내용이 뒤엉켜 있어서, 지금 정보만 가지고는 선생님들께 덤비는 애가 나올지도 몰라요. 그렇게 되면 민주적으로 하자는 운동이 무너질 거예요."

"네 말대로야. 어쨌든, 우선은 내일 전교 조례에 지각하지 않을 것. 그리고 성급하게 선생님한테 폭언을 하거나 거친 행동을 하지 않을 것. 그것만큼은 꼭 말해 줘."라고 부탁했다.

이 아이들의 행동이야말로 학교에서 교육기본법을 지키는 싸움이었다. 아이들과 그런 마음을 공유해 온 것 같았다. 아이들의 자주적인 활동이 학교의 일방적인 결정에 따라 규제되고 빼앗겨 가는 상황을 보아 넘기면, 훨씬 큰 물결이 밀려왔을 때 싸울 수 없게 된다. 자기 생각을 분명하게 주장하고 이상하다고 생각한 것에 목소리를 높여 나가는 일이 얼마나 소중한지, 아이들에게 늘 말해왔다. 졸업까지 4개월도 남지 않았기 때문에 더욱, 아이들에게 무력감을 안겨준 채로 졸업시키고 싶지 않았다.

12월 4일 월요일 전교 조례. 평소라면 지각생이 많아서 이 빠진 빗 같던 3학년 줄. 졸린 눈을 비비면서 3학년 전원이 모였다. 그 모습에 교장과 교사들 모두 눈을 둥그렇게 떴다. 1교시 조회 때 대의원들은 라이브 부활 서명을 모았다. 처음에는 의견이 갈렸던 3학년 교사들도 아이들을 응원하며 단결했다.

목요일 조회에서 대의원이 교장선생님과 선생님들에게 부탁하는 편지를 읽었다.

목요일은 구기대회 날이었다.

"선생님, 국회에 안 가면 우리를 위해서 싸워 주세요."

"그렇지, 싸울게, 직원회의에서."

"직원회의도 그렇지만, 구기대회요! 그러니까 같이 싸우자고요!"

원래는 도쿄 국회의사당 앞에서 열리는 교육기본법 반대 데모를 하러 갈 예정이었는데 '교육기본법도 중요하지만, 학교 민주주의를 지키는 싸움도 중요하니까'라고 스스로를 달랬다. 신야가 "선생님, 국회에 안 가네요. 전 갔으면 했는데."라며 아쉬운 듯 말했다. "학교 문제랑 교육기본법 문제는 연결돼 있어."라는 내 말은 신야에게 어떻게 울렸을까?

구기대회에서 남녀 동반 우승을 한 4반.

"선생님, 우리가 이겨서 기운 났어요? 다음엔 직원회의에서 선생님이 힘내세요." 하며 격려까지 해 주는 상황이었다.

점심시간에는 기쁘게도 학년 PTA*에서 교장에게 청원하러 와 주었다. 그 마음에 힘입어 방과 후에 대의원과 함께 교장실로 교섭하러 갔다. 진지한 3학년 대의원 전원을 보고 교장은 "너희가 노력하는 모습은 잘 봤다. 긍정적으로 생각해 보마."라고 말할 수밖에 없었다. 남은 건 직원회의다.

아이들 편지를 읽으면서 호소했지만 "자기들이 해 온 일의 결과를 알려줘야 세상의 엄격함도 알아요."라는 의견이 돌아왔다. 예상한 의견이지만, 이 말에는 아이들을 어떻게 키울 것인가 하는 관점은 없다. "나쁘다면, 뭐가 나쁜지를 이해시키는 게 교육이에요. 나쁘면 뭐든지 규제합니까? 그건 교육이 아니에요."라고 내가 말했다. 3학년 교사 집단은 '아이들의 의욕과 희망을 빼앗지 말기 바란다'는 주장 하나로 임했다. "아이들의 마음을 존중해서 3학년 주최로 하지요. 담임과 학생, 보호자의 신뢰 관계를 소중히 하고 싶어요." 교장의 이 한마디로 크리스마스 라이브는 속행하게 되었다.

12월 21일, 크리스마스 라이브에서 아이들 얼굴에는 만족감

---

*   parent-teacher association(학부모 교사 연합회)

이 가득했다.

라이브는 마음 맞는 아이들이 하는 것이니 '관계없다'고 말하는 학생도 있었다. 그래도 많은 학생이 일어섰다. 그것은 자신들의 이야기를 듣지 않은 채 자신들의 일을 결정하는 불합리함에 대한 의견 표명이다. '잠깐만, 우리 목소리를 들어 줘'라고 말하고 싶었던 것이다. 그것을 제각각 따로따로 주장하는 것이 아니라, 민주적인 수단을 써서 조리 있게 주장하려 한 데서 아이들의 성장을 느낀다. 아이들이 주권자로서 한걸음을 내디딘 순간이다.

전쟁의 실상과 안보 문제를 오키나와라는 장소에서 듣고 보고 배운 학생들. 미래를 만드는 사람들이 희망을 말하면서, 어떤 상황에서 어떤 행동을 하는지, 민주적인 사회와 평화로운 사회를 만들어 가는지를 생각하고 배우는 장이 학교인 것이다.

수학여행에서 본 오키나와 미군기지의 거대함에 놀란 우리들. 그 일본 기지에서 많은 미군 병사가 아프가니스탄과 이라크로 출병했다는 것을 알고 무척 슬펐습니다. 그리고 오키나와 사람들이 기지의 전투기 소음과 병사의 폭력 등으로 괴로워한다는 사실도 알았습니다. 우리는 결코 사람을 때리는 입장에는 서고 싶지 않습니다.

2007년, 이런 졸업 인사를 남기고 아이들은 떠났다.

4

할머니와 한 약속

재특회가 찾아왔다!

2010년 8월, 나눔의집을 방문했다. 당시 나눔의집에서 할머니들을 지원하던 무라야마 잇페이 씨와 후루하시 아야 씨가 맞아 주었다. "점심 아직 안 드셨죠?"라며 곧장 식당으로 안내했다. 할머니들은 평화롭게 점심을 드시는 중이었다. 갑작스레 들이닥친 내게 배춘희 할머니가 말을 걸었다. "어디서 왔수? 뭐하는 사람이요?"하고 연달아 질문을 하셨다. "오사카에서 중학교 사회과를 가르치는 교사입니다. 할머니들 이야기를 수업에서 가르치고 있어요!"라고 말하자 "많이 들어요. 듣고 나서 얘기하자구."라며 웃으셨다.

나눔의집을 찾은 데는 이유가 있었다. 그해 7월 6일, 학교에 보호자의 지인이라는 사람한테서 전화가 걸려왔다. '히라이 선생은 편향된 수업을 하는 것 같다. 프린트물을 보고 상당히 왼쪽으로 치우친 걸 가르친다는 생각이 들었다. 종군위안부와 오키나와 집단자결을 가르치는 데 대해서 관리직 이야기를 듣고 싶다'는 것이다. 관리직에게 그 이야기를 전해 듣고서 퍼뜩 떠오르는 게 있었다. "부외자를 학교에 들이면 혼란을 부를 가능성이 있습니다. 들이지 않는 게 나을 거 같습니다."라고 말했지만 '보호자의 관계자로 오는 이상, 안 만날 수는 없다. 다만 히라이 선생을 만나게 하지는 않겠다'라며 듣지 않았다.

"정말로 보호자의 관계자라면 괜찮겠지만⋯."

예상한 대로 찾아온 사람은 보호자의 관계자가 아니라 재특회 멤버였다.

나는 전년도인 2009년에 재특회에게 공격당했다. 오에·이와나미 오키나와전 재판 때 오에 씨와 이와나미서점을 지원하는 입장에서 활동하던 나에게 '공무원이 정치활동을 한다'고 트집을 잡아서 공격해 온 것이다. 내용은 '정치활동을 하는 히라이를 징계하라', '징계하지 않으면 학교 주변에 전단을 뿌리겠다'는 것이었다. 하지만 교육위원회는 '정치활동에 해당하지 않는다. 징계에 해당하지 않는다'고 판단했다. 수습이 되지 않는 그들은, 이번에는 '히라이는 오키나와전 집단자결을 가르친다. 법정 싸움 중인 문제를 수업에서 가르치는 건 잘못됐다'며 수업 내용을 공격했다. 하지만 이 공격에 대해서도 '교과서에 기재되어 있는 사실. 히라이 선생의 수업에 흠은 없다'고 교육위원회가 답하자, '히라이가 앞으로 어디로 전근을 가든 쫓아가겠다'는 말을 내뱉고 그들은 공격을 포기했다.

그리고 그때 내뱉은 대로, 재특회는 2010년에 내가 전근한 학교에 찾아왔다. 그중에는 전 학교에서 나를 공격한 멤버도 끼어 있었다. 전근 후에도 그들은 나를 계속 노렸던 것이다. 수업에서 배포한 '위안부' 프린트물을 손에 들고 온 그들은 비디오로 교섭 상황을 촬영했다. 수업 프린트물은 학원 등이 학생들한테서 모으기 때문에 외부인도 쉽게 손에 넣을 수 있었다.

"이런 거짓말쟁이 할망구!" 프린트물에 실린 김학순 할머니를 가리키며 그들이 말했다. "여러 가지 의견이 있고 주장이 갈리는 문제에 대해 일방적인 교사의 주장만을 밀어붙이는 건 옳지 않다. '집단자결'과 '위안부' 문제를 프린트물로 만들어 수업에서 사용하는 건 문제다. 학생들이 자기 뜻에 맞지 않는 수업을 강요당해 힘들어하는 걸 생각하지 않는다. 모든 프린트물을 가져 와라."라고 그들은 주장했다. 그들은 교섭이라기보다는 자기들의 지론을 떠들어 대고 '위안부'였던 사람들의 존재와 증언을 부정하는 말을 늘어놓았다. 그리고는 그 교섭 상황 동영상을 인터넷에 올렸다.

그들은 경찰에 7월 16일 오전 8시부터 오후 6시까지 도로 사용 허가 신청서를 냈다. 등교하는 아이들과 출근 중인 인근 주민에게 전단을 돌리거나 가두선전 활동이라도 하려는 속셈인 듯했다. 교장은 "학교에 혼란을 일으키고 싶지 않으니까, 성의 있는 태도로 상대해서 빨리 끝을 내고 싶다. 프린트물을 읽어 보니, 확실히 재특회한테 지적을 당해도 어쩔 수 없다."고 말을 꺼냈다. 이 말에 나는 경악했다. "처음부터 저를 노리고 왔으니 어떤 프린트물을 만들든 얼마든지 트집을 잡을 수 있습니다. 저는 편향된 교육을 하지 않았고 교장 선생님한테 지도를 받아야 할 이유도 없습니다."라고 말하는 게 고작이었다.

학생과 보호자들에게 폐를 끼치고 싶지 않다, 혼란을 일으키고 싶지 않다는 마음은 같지만, 그렇다고 교사의 수업 내용에 잘못이 있었다는 결론으로 무마하려는 관리직에게는 불신감밖에 들지 않았다. 이 문제는 내 수업만이 아니라 학교 교육 전체에 대한 공격이니, 직원회의라는 열린 장에서 공유하자고 제안했다. 교육위원회가 찾아오기도 하고 관리직과 내가 교장실 문을 꼭 닫은 채 몇 번이나 이야기 나누는 모습을 본 교직원들은 학교에 무언가 이변이 일어났다며 수군거렸다.

직원회의에서 교장의 설명에 질문이 이어졌다. 나도 전후 사정을 털어놓고 수업 중에 무엇을 소중히 하고 있는지 교직원에게 이야기했다. 동시에 결코 내 주의 주장을 일방적으로 밀어붙이지 않고 과학적인 역사 인식에 기초해서 수업을 한다고 밝혔다. 이번 공격이 나 개인에 대한 것이 아니라 외부에서 학교에 개입하려는 시도라는 사실과 재특회가 지금까지 교토 조선학교 등에서 어떤 파괴적인 활동을 해 왔는지도 알렸다. "아이들을 혼란에 빠트리거나 공포감을 맛보게 하고 싶지 않습니다. 여러분, 함께 생각해 주세요."라고 호소하는 도중부터는 감정이 격해져 말을 잇지 못했다.

그때 신임 교사가 일어서서 "히라이 선생님을 지킵시다."라고 목소리를 내었다. "전단이 뿌려지더라도 다 함께 아이들에게 이야기를 하고 동요하지 않도록 합시다.", "이건 학교 전체의 문제입니다." …… 발언이 잇따랐다.

"교장 선생님, 외부 개입에 굽히지 마세요. 히라이 선생님을

지도했다든가, 히라이 선생님에게 문제가 있었다는 말은 절대로 하지 마세요. 일단 그런 영상이 퍼지면 앞으로 이런 수업을 할 수 없게 만드는 데 가담한 꼴이 됩니다."

사회과 교사를 중심으로 여러 교직원이 교장에게 요청했다. 교직원이 내 개인의 문제가 아니라 학교에 대한 개입이라 받아들이고, 교육과 아이들을 지키기 위해 무엇을 할 수 있을지를 진지하게 생각해 준 순간이다. 예정된 전단은 뿌려지지 않았다.

하지만 그걸로 싸움이 끝난 건 아니었다.

왜 이런 공격을 받아야 하는 걸까? 내가 아이들에게 가르치는 내용이 그렇게 문제 있는 것인가? 공격의 소용돌이 속에 있던 나는, 내가 지금까지 가르쳐 온 것을 다시 확인하기 위해 할머니들을 만나러 갔다.

"우리 일을 가르쳐서 산벼락을 맞았어?"

나눔의집 이야기로 돌아가자. 나눔의집은 경기도 광주시에 있으며 일본군 '위안부' 할머니들이 공동생활을 하는 집이다.

경기도 광주에 있는 '나눔의집'

한국에 유학 중인 지인 소개로 나를 맞이해 준 무라야마 씨와 후루하시 씨는 이번 재특회 공격을 알고 있었다. 갑자기 "우리도 동료예요."라는 말을 해서 물었더니, "우리도 도쿄 같은 데서 할머니 집회를 열면, 반드시 그들이 와서 얼토당토않은 욕설을 퍼붓고 공격을 해 댔으니까요."라고 웃으며 대답해 주었다. 역시 여기에 오길 잘했다. 다부진 듯 행동해도 마음이 꺾일 것 같았던 나는, 나와 같은 동료가 여기 있다는 생각만으로도 마음이 놓였다. 점심을 먹고 나서 거실로 갔더니 배춘희 할머니가 다가왔다. 할머니는 1923년 경북 성주에서 태어나 열아홉 살 때 친구 집에 놀러 갔다가 '정신대' 모집 이야기를 듣고 지원했다. 돈을 벌 수 있다는 말을 듣고 갔지만 끌려 간 곳은 위안소였다. 1942년부터 일본 패전 때까지 만주에서 일본군 '위안부' 생활을 강요받았다. 전후에는 일본에 건너가 스낵바 같은 데서 일했으며 1980년대 초에 한국으로 돌아갔다. '위안부'라고 밝힌 것이 1993년. 나눔의집에서 지내게 된 것은 1997년부터였다.

"오사카에서 왔어? 난 이마자토(오사카시 이쿠노구)에 있었어."

"저희 집은 그 근처예요."

오사카 이야기로 분위기는 달아올랐다. '위안부'였던 때 일을 듣고 싶었지만 말을 꺼내지 못하고 주저하는데 "우리 일을 가르쳐서 산벼락을 맞았어?"하고 할머니가 물었다. 나는 애가 타서 지난번 수업이 공격받은 이야기를 꺼냈다. 한참동안 아무 말도 하지 않고 내 이야기를 듣던 할머니.

"그자들은 항상 우리한테 거짓말쟁이라느니 돈을 받았다느니 공격을 해. 정말 너무해. 속아서 강제로 했는데, 당신은 대단해. 우리 일을 가르쳐 주고. 그래서 곤욕을 치르고."

그렇게 말하면서 할머니는 잠시 내 손을 꼭 잡아 주었다.

속아서 '위안부'가 되어 누군지도 모르는 병사들의 노리개가 되었던 소녀. 어딘지도 모르는 곳에 버려져서 고향에도 돌아가지 못하고 여기저기를 떠돌다가 나이 들어서야 겨우 다다른 곳이 나눔의집. 용기를 쥐어짜 증언하고서 '거짓말쟁이'라 공격받는 할머니들. 그들이 맛보아 온 절망, 공포, 억울함, 안타까움, 울화는 내가 받는 공격에 비할 바가 아니다.

여기 사는 할머니들을 만남으로써 내가 받는 공격 따윈 별것 아니라는 생각이 들었다. 이렇게 불합리한 공격에 질 수 없다. 몇십 년이나 견뎌 온 할머니들의 이야기를 전하는 것이야말로 내가 해야만 할 일이다. 할머니들을 만난 덕분에 약해져 가던 마음이 다시 살아났다.

붙임성 좋고 노래와 춤이 특기인 배춘희 할머니.

"이제 가 볼게요."라고 말하자 쓸쓸한 듯한 표정을 지었다.

"같이 노래해. 이 노래로 보내 줄 테니까."

손을 잡고 '요사쿠', '남국 도사를 뒤로 하고'*를 불렀다. 낮부터 저녁때까지 줄곧 곁을 지켜 준 할머니.

"안 질 거야. 또 와."

"안 질 거예요."

약속했다.

그 할머니는 이제 없다. 2014년 6월 8일 숨을 거두었다. 91세였다.

프린트물 공개와 재특회 멤버 체포

한국에 가 있는 동안에도 상황은 움직였다. 재특회가 '재특회 야마토다마시이大和魂'**라는 홈페이지에 그들이 촬영한 동영상을 '7월 7일 시험 문제에 대해 확인'이라고 해서 업로드했다. 교육위원회는 그들과 몇 번 접촉한 모양이지만 그들 집단이 어떤지는 하나도 모르는 것 같았다. 말로 해서 알아들을 집

* '요사쿠'는 1978년 발표된 일본 가요. 나무꾼 남편과 베 짜는 아내 모습을 그림. '남국 도사를 뒤로 하고'는 시코쿠 남쪽에 위치한 고치현 도사시를 떠나 고향을 그리는 노래
** 천황제 아래서 일본이 가장 뛰어나다며 다른 나라를 배척한 국수주의 사상으로, 전쟁 중에 군국주의 사상의 근간을 이룬다.

단이 아니고 학교를 혼란시키는 게 목적인 반사회적 단체가 재특회이다.

나는 그들이 학교에 접근하지 못하게 교육위원회가 대응해 달라고 조합을 통해 부탁했다. 교장과 교육위원회가 내 수업 프린트물을 그들에게 건네지 않겠다고 거부했기 때문에 그들은 다음 작전을 생각했다. 정보공개 조례에 기반한 개시청구[*]이다. 교육위원회는 학교에서 학생에게 배포한 프린트물 종류는 교재부터 가정통신문까지 모두 공문서라고 주장한다. 그렇기에 개시청구를 하면 내주어야 한다는 것이다.

내가 한국에서 돌아오니 이미 내 프린트물류는 공개되어 있었다.

"재특회와 교섭할 때 히라이 씨 교재가 없으면 얘기를 할 수 없다."는 관리직 말에 건넨 것이다. 교육위원회는 내 프린트를 갖고 있지 않았으니 관리직이 교육위원회에 건넨 것이다. 내가 모르는 사이에.

정보가 공개된 이튿날 아침, 신문에 다음과 같은 기사가 실렸다.

[*]   정보공개 청구

조선학교 수업 방해··재특회 간부 네 명 체포—교토부경

재일특권을 용서하지 않는 시민 모임(재특회) 등의 멤버가 대음량으로 모욕적인 노호를 반복, 교토 조선제1초급학교(교토 미나미구)의 수업을 방해한 사건으로, 교토부경은 10일 간부 네 명을 위력업무방해, 명예훼손, 폭력행위 등 처벌법 위반(집단적 기물 손괴) 혐의로 체포. 도쿄도 내의 재특회 사무소와 회장 자택 등 열두 곳을 가택 수색했다.(이하 생략)

《마이니치신문》, 2010년 8월 2일)

나를 공격한 멤버 한 사람의 이름도 실려 있었다. 이 일 때문일까, 공개된 문서를 근거로 그들이 계획했던 나에 대한 공격이 사라졌다. 그러나 공개된 프린트물은 예상도 못한 곳에서 나를 공격하는 도구로 사용되었다.

재특회의 공격을 잊어 갈 즈음인 2012년, 3월에 열린 시의회에 이 프린트물이 등장했다. 한 시의회 의원이《산케이신문》기사(1월 3일자)를 소개했다. 기사는 오사카부 하비키노시의 시립중학교가 조선인 강제연행을 다룬 학습용 교재에 대해, 교과서에 기재되어 있지 않은 내용이어서 부적절하다며 교육위원회가 교장에게 회수를 지시, 교장이 회수했다는 내용이다. 그

리고 "이것은 하비키노시만의 일일까요? 여기에도 있습니다. 2년 전 시립중학교에서 어느 교사가 역사 수업에 실제 사용한 프린트물입니다."라고 말을 꺼냈다.

2년 전 공개된 프린트물의 행방을 이렇게 해서 알았다. 이것은 무엇을 의미하는 걸까?

여기서부터 의원은 ①역사 수업에서 서력을 사용한 점 ②연호와 천황의 권위 관계 ③아시아태평양전쟁의 호칭 ④펑딩산 平頂山 사건*의 진위 ⑤난징 대학살 ⑥지나 支那**는 업신여기는 말인가 ⑦프린트물 작성 교사에 대한 대처 ⑧부교재 체크 등을 질문했다.

교육위원회는 큰 부분에서 문제는 없다고 대답했는데 "당해 교원에게는 보조교재 활용 방법, 수업 등의 진행 방법, 학생의 반응도 포함해 사실 확인 및 지도를 실시하고, 의견이 여럿으로 갈리는 일, 역사적 평가가 아직 정해지지 않은 일에 대해 신중하게 취급하고 충분히 배려하도록 다시금 지도하고, 당해 교

•   1932년 음력 8월 15일(중추절), 중국 의용군이 랴오닝성 푸슌 펑딩산 부근 탄광 지역 상점에 불을 지르자, 무장한 일본 경찰과 헌병 100여 명이 펑딩산 인근 마을 주민 3000여 명을 학살한 사건

••   중국을 가리키는 이름 중 하나. 중국인들은 차별과 멸시로 받아들인다.

원이 활용하는 프린트물 등의 보조교재 관리를 철저히 하도록 지도하고 있습니다."라는 답변이 기록에 남아 있다.

사태를 원만하게 수습하는 수단이라고는 하지만 답변 속의 나는 '지도를 받고, 만든 프린트물류는 철저하게 관리받는' 사람이었다. 그리고 관리직이 바뀔 때마다 요주의 교사로서 인수인계되는 존재가 되었다.

'계속 이렇게 공격받으면, 이제 공립에서는 수업을 못하게 되려나….'

나약한 내가 얼굴을 내민 적도 있다. 한 번도 아니고 두 번 세 번 공격을 받으면 누구든지 마음이 약해지고 교육을 향한 열정도 식을 것이다.

하지만 그럴 때마다 나를 지탱해 주는 사람이 학생이고 보호자이다. 이때도 재특회 홈페이지를 본 보호자가 학교에 찾아와 교장에게 "재특회를 학교에 들이지 말고, 요구를 거절하고, 히라이 선생님을 지켜 주세요."라고 청해 주었다.

'이대로 교사를 계속해도 되는 걸까?'라며 자신을 잃고 식어 가는 마음을 보호자가 따뜻하게 감싸 주었다. 가르쳐야만 할 것, 가르칠 가치가 있는 것, 가르치지 않으면 안 되는 것이기에 계속 가르치자. 바람에 지지 말자. 그렇게 다짐했다.

5

선생님,
'위안부' 수업 안 해요?

'위안부' 수업은 했어요?

"히라이 선생, '위안부' 수업은 벌써 했나요?"

"네? 아직인데요."

"할 건가요?"

"그럴 생각입니다만, 뭔가 문제라도 있나요?"

"아니, 시의원이 교육위원회를 통해서 문의를 한 모양이에요."

"또요?"

"음, 또 왔답니다. 하지만 히라이 선생은 할 거라고 생각했어요."

"딱히 고집을 부리는 건 아니지만, 고노 담화에도 있잖습니까. 저는 가르칠 책임이 있다고 생각합니다."

"그렇지, 고노 담화도 있고 무라야마 담화도 있지요. 잘 고안해서 가르칠 수 있지요? '아직 하지 않았지만, 할 예정'이라고 말해 두지요."

2013년 5월, 교장이 갑자기 말을 걸었다. 문의해 온 시의원은 내 수업에 편향이라는 딱지를 붙여서 의회 등에서 다뤄 온 인물이다. 중학교 3학년 근현대사 수업은 그 의원에게 아주 좋은 공격 재료였다. 몇 번이나 수업을 공격받으면, 보통은 풀이 죽는다. 하지만 그 정도로 그만두겠다는 생각은 하지 않았다. "어째서 그렇게 공격을 받으면서도 수업을 계속합니까?"라는 질문을 자주 받는다. '위안부' 문제 수업은 아시아태평양전쟁을 가르치는 과정에서 너무나도 당연한 일이며 나에게 다루지 않는다는 선택지는 없었다. 내가 공격받을 때마다 그 대응에 쫓기는 건 학교장과 교육위원회이다. 내가 늘상 의회에서 문제시 되는 걸 씁쓸해하겠지만 '위안부 수업을 하지 마!'라고 지도받은 적은 없다. 물론 '두 가지 이론 병기하여', '다면적 다각적으로', '균형 잡힌 교재', '세심한 주의' 같은 주문은 붙지만, 그렇다고 수업 내용에 개입하는 일은 없었다. 교육과정 편성권은 학교 현장에 있고, 전문성을 갖춘 교사에게 있다는 점을 견지했기 때문이다. 《학습지도요령해설·총칙편》에 '학교 교육의 목적과 목표를 달성하기 위해, 교육의 내용을 아동의 심신 발달과 수업 시간에 맞게 종합적으로 조직한 학교 수업 계획'이라고 쓰여 있다.)

나는 사람이 너무 좋은 건지도 모르지만 나를 비판하는 의원에게도 내 수업을 보여 주고 싶었다. 보고 나서 이야기를 할 수 있지 않을까 하고. 교장에게도 "그 의원한테 제 수업을 보러 오라고 말해 주세요."라고 부탁했는데 실현된 적은 없다. 보고 나서 이의를 제기한다면 받아들이겠지만 보지도 않고서 어떻게 비판할 수 있을까? 교장도 '위안부' 수업에 대해 '세심한 주의를'이라고 말하면서도 실천을 지원해 주었다. 교장은 교육위원회 바닥에서 오래 활동했고 2012년에 내 프린트물이 공개되어 의회에서 거론되었을 때 교육위원회 답변 책임자였다. 지도라는 말을 쓰면서도 최종적으로 현장의 나를 의원에게서 지키는 방파제가 되어 주었다. 교사들의 자주성을 존중하고, 교육과정 편성에서도 학문적 전문성을 존중해 준 인물이다.

선생님, '위안부' 수업 안 해요?

2013년 5월 13일, 당시 일본유신회 공동대표였던 하시모토 도오루橋下徹 오사카 시장이 "위안부 제도가 필요한 것은 누구나 안다.", "(미해병대에) 풍속업을 활용해 달라."라고 발언했다. 이에 대해 일본뿐 아니라 세계에서 인권 침해라는 비판과 항의의 목소리가 높았다. 나는 아이들이 사회에 관심을 갖게 하려고 매번 정기시험에 시사 문제를 출제했다. 중간고사 시사 문제로 이 발언에 관해 출제했더니 평소 절반 정도인 정답률이, 이 문제에서는 87퍼센트나 되었다. 아이들의 관심이 얼마나 높았는지 알 수 있다.

그런데 아이들은 '위안부'를 둘러싸고 언론이 달아오른 것은 알아도 '위안부' 자체에 대해서는 지식이 없었다. 시험에 나올지도 모르는 시사 문제로서 단어만 기억한 셈이다.

복도를 걷고 있는데 우리 반 히로키가 말을 걸었다.

"선생님, '위안부' 수업 안 해요?"

"관심 있니?"

"네. 저는 그 발언이 신경 쓰여요."

"다른 사람이랑 이야기해 봤니?"

"하시모토 씨 발언 때문에 문제가 됐지만 다들 '위안부'가 뭔지는 잘 모르는걸요."

"넌 아니?"

"자세히는 몰라요. 그러니까 알고 싶은 거예요."

히로키는 성실해서 놀림받기 쉽지만 정의감이 강하고 축구를 사랑하는 소년이다. 사회적인 문제에도 많은 관심을 보였다. 히로키가 '위안부' 수업 요청을 한 건 어찌 보면 당연했다. 교실에서도 이 문제가 화제였다. 하시모토 시장의 발언이 사회 문제로까지 발전한 데 대해 관심이 높다는 걸 느꼈다. 이 발언에 분노를 넘어 인간으로서 용서할 수 없다고 생각한 나는 항의집회에 참가하거나 많은 사람과 분노를 공유하며 활동했다. 하지만 분노에 휩쓸려 수업을 하면 단순히 분노를 드러내는 데 그친다. 어떤 전개로 수업을 할까 아직 고민 중이던 내게 그 아이의 말이 등을 떠밀어 주었다.

수업에서 쓴 자료는 다음과 같다.
① 김학순 할머니 제소 때 사진
② 이옥선 할머니의 증언
③ 위안소가 있던 장소 지도
④ 고노 담화
⑤ 수요집회와 '위안부' 피해자들의 요구

'위안부' 피해자 김학순 할머니의 사진을 보여 주고, 이 사진 속에서 할머니가 제소하는 것이 어떤 일인지 알리고, 할머니가 처음 실명으로 '위안부'였던 사실을 발표함으로써 '위안부' 문제가 많은 사람에게 알려진 걸 소개. 다음으로 이옥선 할머니의 증언을 아이들이 읽게 했다. 할머니는 열다섯 살 때 일하던 술집에서 물건을 사러 나갔다가 두 남자한테 잡혀서 트럭에 실렸다. 같은 또래 소녀들과 일본군 비행장에 끌려가 위안소에 보내졌다. '도미코'라는 이름으로 평일에 10명 정도, 휴일에는 30명 넘게 상대해야 했다. 틈을 봐서 도망치려고 했지만 일본 병사한테 잡혀 벨트로 채찍질을 당해서 지렁이 기어 간 자리처럼 부어올랐고 이도 부러졌다. 마구 얻어맞으면서도 '이제 도망 안 갈 거지?'라는 추궁에 꿋꿋하게 '또 도망갈 거야'라고 대답했다. 그러자 일본 병사는 채찍질을 반복했다. 그래도 할머니는 일본 병사 말대로 되기는 싫었다.

'위안부'가 된 과정을 읽으면서 할머니가 어떤 일을 당했는지, 어떤 상황에 놓였는지, 어떤 장소에 위안소가 있었는지, 도망칠 수 있는 상황이었는지를 생각해 나갔다. 여자아이들 표정이 흐려졌다.

고노 담화를 읽기 전에, 이 담화가 나오기까지 일본 정부의 대응에 대해 설명했다. 이번 수업에서는 고노 담화의 일부분이 아니라 전문을 읽히고 싶었다. 정부가 무엇을 인정하고 어떤 일을 반성하며 무엇을 약속했는지를 읽고 이해하기 바랐기 때문이다. '자신의 뜻과 달리, (군의) '관여'와 '요청'이라는 어구가 많이 쓰인 점을 아이들은 알아차렸다. 담화는 후세에 역사를 교육하겠다는 약속으로 마무리되었다. 소녀들이 '위안부'로 끌려간 방법은 여러 가지였지만 도망칠 수도 없고 거부할 수도 없는 상황에서 많은 병사한테 유린당한 일이 고노 담화에는 명확하게 쓰여 있다.

끝으로 수요집회를 소개하고, 그 요구는 무엇인지 생각하며 오랜 세월 자신의 체험을 이야기할 수 없었던 여성들이 이야기를 시작한 데 대해 의견을 들어 보았다.

여자아이들한테서 '위안부였다고 밝히는 건 아주 부끄러웠을 것이다', '주변에서 자신을 어떤 식으로 볼지 생각하면 말할 수 없었을 것이다'라는 의견이 나왔다. "그럼, 왜 밝혔을까?"라고 묻자 '일본 정부가 위안부 일을 일본 책임이라고 인정하지 않았으니까', '또다시 이런 일이 일어나기를 원치 않아서', '명예를 되찾고 싶어서'라는 의견이 나왔다. 질문에 따라 괴로운 표정, 화난 표정, 당황하는 표정, 고개 숙인 얼굴. 아이들은 정말

다양한 표정을 보여 주었다. 수업에 집중했다는 증거이다.

전쟁 중이라 해도 용서받을 수 없는 일은 있다

침묵하는 남자아이들.

'위안부' 수업을 하면 남자아이들은 꿰다 놓은 보릿자루처럼 말을 못하고 머뭇거린다. 부끄러워서인지 오히려 까불거나 농담으로 얼버무리는 아이도 있었다. 교사가 '위안부' 수업을 주저하는 원인 중 하나다. 아이들이 부끄러움을 느끼지 않도록 가르칠 각오가 필요하다. 당당하게 성 문제를 다루어야 한다. 성 문제를 생각하는 가장 중요한 시기는 중학생 때다. 그렇기에 더욱 아이들의 생각을 소중히 하고 싶다. 좋아하는 사람이 생겨서 두근거리거나, 괜히 슬퍼지거나, 그 사람을 소중히 여기고 싶다는 생각. 거기서부터 생각해 주면 좋겠다.

내 수업에는 끝까지 짜인 시나리오가 없다. 결말은 아이들 하기 나름이다. 그렇기에 반에 따라 결말이 달라진다. 이번에도 내가 예정한 것은 수요집회까지다. 거기서부터는 반 아이들 표정을 보면서 "더 알고 싶어?", "뭘 알고 싶어?", "뭐에 관심 있니?" 하며 탐색해 간다.

우리 반에는 "위안부 수업 안 해요?"라고 말한 히로키가 있었다. 그 아이가 마지막에 분명 등장할 거라고 기대했다.

예상대로 "하시모토 시장의 발언을 어떻게 생각해야 좋을까요?"라고 질문을 던졌다.

"내가 말해 버리면 쉽겠지만 그러면 너희들이 생각했다고 할 수 없잖아. 여기부터는 너희가 생각할 차례야. 그런데 넌 어떻게 생각하니?"

히로키는 고개를 가로저었다.

나는 "이 문제를 생각해 볼 수 있는 자료가 좀 더 있어."라고 말하면서 몇 가지 자료를 게시했다. 당연히 이런 상황도 생각해서 자료를 준비해 둔다.

- 미국과 영국에서는 병사에게 휴가를 준 사실. 강간을 일으키는 병사가 있기는 했지만 군이 엄벌에 처했다는 사실
- 일본처럼 군이 관리하는 '위안부'는, 현재까지 밝혀진 바로는 일본 외에는 독일밖에 없었다는 사실

● 1920년대에는 이미 인신매매 등이 국제조약으로 금지되어 있었고, 일본에서 하던 '매춘'은 국제조약 위반이었다는 사실 등

당시 중국 전선에서 '위안부'를 샀다는 병사의 증언을 소개하자, 남자아이들은 조금씩 의견을 말하기 시작했다.

"군인들은 모두 위안소에 갔을까……."
"그런 곳에 가고 싶지 않아."
"그 당시라면 갔을지도 몰라."

그쯤에서 위안소에 가지 않은 병사도 있다는 사실을 어느 병사의 단가*로 소개했다.

"병사는 모두, 계급 순서대로, 줄을 잇는다, 꼴불견이구나, 위안부를 사러"
"위안소에는, 발길을 하지 않는, 병사도 있어, 학살을 거절

---

* 일본 고유 시 형식 중 하나. 5,7,5,7,7의 5구 31음을 기준 삼음

한, 안도감을 닮았네"

"풀려날 길 없는, 미결수들처럼, 병사들은 지금, 위안부의 목숨, 짓밟으며 돌아가네"

(와타나베 료조,《와카집 작은 저항, 살육을 거부한 일본 병사》, 이와나미현대문고, 2011년)

남자아이들 얼굴에 안도감이 어렸다.

"전쟁이니까 '어쩔 수 없었다'고 생각하니?"라고 물었다.

"전쟁 중이라 해도 용서받을 수 없는 일은 있어요."라고 대답했다.

아이들 사이에서 "후~" 하고 한숨 쉬는 소리가 들린 것 같았다.

감상을 소개한다.

A 만약 나라면 몇 년이 지나든 내가 '위안부'였다는 사실을 밝히지 않을 것 같아요. 사실을 밝히고 일본 정부에 사죄를 요구하고 사람들에게 당시 일을 전하는 활동을 한다는 건, 정말로 용기가 필요하고 굉장한 일이에요. 국가 제도가 인정하지 않은 거나 오랜 세월 존재를 무시해 온 일이 화나고, 하시모토 시장처럼 아무렇지 않게 말할 수 있다는 사실이 믿기지 않아요.

B 히로시마와 나가사키 일은 지금까지 몇 번이나 들었다. 하지만 동시에 일본이 저지른 잘못도 가르쳐야 한다고 생각했다. '위안부'와 중국 침략 같은 일을 전부 알아야 비로소 일본 전쟁의 역사를 이해할 수 있을 테니까.

C 지금 일본에는 전쟁 중이었으니 어쩔 수 없다고 생각하는 사람이 있다. 하지만 내가 그 입장이라면, 정부가 멋대로 시작했는데 참 이상한 일이다.

D 처음부터 '위안부'는 필요하지 않아요. 당시의 방식을 이해할 수 없어요. 우리는 필요 없어요.

E '어쩔 수 없다' 같은 말이 나오면 지금 일본 남성들도 옛날 남성들과 똑같은 게 아닌지 의심하게 돼요.

F 전쟁을 계속하기 위해 필요했다는 의견이 있지만 잘못됐어요. 일본 병사의 인권도 가볍게 취급되고 피해를 받은 여성들의 인권도 가볍게 취급돼요. 이게 옳은 일일까요?

G 일본군은 '위안부'를 인간이라고 생각하지 않았을 겁니다. 하지만 전쟁에 이기기 위해서는 어쩔 수 없는 일이라고 생각합니다. 그래도 훨씬 다양한 방법은 없었을까 생각합니다.

수업을 몇 번 하든 '위안부' 문제는 여전히 어려운 주제이다. '위안부' 문제를 가르칠 때는 매번 긴장한다. 내가 진지하지 않으면 아이들에게도 전해지지 않기 때문이다. 다만 교사가 지나치게 정면에서 파고들면 아이들을 위축시키게 된다. 평소 시끌벅적하던 남자아이도, 여기서 어설픈 말을 할 수 없다는 걸 느끼고 우물쭈물하기 쉽다. 그러니까 '위안부' 수업에서는 사춘기 여자아이와 남자아이들이 연애에 대해 품는 아련하고 순수한 마음, 좋아하는 사람을 소중히 하고 싶은 마음을 자극하면서 질문하고 싶다.

"너희들 한 사람 한 사람, 혹시 좋아하는 사람이 있다면 떠올려 봐. 그리고 좋아하는 사람 때문에 두근거리거나 멋진 연애를 하지도 못하고 짓밟힌, 열대여섯 살 소녀들이 어떤 생각으로 살았을지 상상해 봐."

여자아이들이 신경을 곤두세운 채 듣는다. 평소에는 장난스럽게 얼버무리던 남자아이들도 미안한 듯한 표정으로 듣는다.

아이들한테서는 어쩔 수 없었던 일인지 아닌지 하는 관점에서 나온 감상이 많았다. 예상한 대로, 비록 소수이긴 하지만 어쩔 수 없었다는 의견이 있었다. 남자아이들도 곧잘 발언했다. 이는 '어쩔 수 없다'라는 말이, 남성 입장에서 전쟁터 병사의 행동을 정당화하려고 나왔기 때문이다. 이 발언으로 인해 남자아이들은 '위안부' 문제를 전쟁터에서 일어난 여성의 피해가 아니라 자신의 문제라고 인식하게 되었다. 남자아이들은 '만약 내가 전쟁터에 있다면?'이라고 생각하기 시작했다. 그리고 전쟁터의 자신과 지금의 자신이 대화를 시작했다. 지금까지는 여자아이들이 '위안부'로 끌려갔을지도 모를 자신과 대화하고, 현재 할머니들의 행동에 공감하며 그 마음을 받아들이려 했다. 이번에는 '병사에게 위안소는 필요했는가?'라는 물음에 남자로서 마주해야만 했다. '위안부'로 끌려간 여성, '위안부'를 이용한 남성. 양면에서 생각하지 않았을까?

'위안부' 수업은 전시에 일어난 역사일 뿐만 아니라 현재를 살아가는 우리 자신에게 들이닥친 문제라고 실감한다.

6

진정한 '화해'는 어떤 것인가
― 생각하게 된 중학생

갑작스런 '한일합의'에 대한 놀라움

2015년 12월 28일에 한국과 일본의 외무장관 회담 후, '위안부' 문제에 관한 '한일합의'가 전격적으로 발표되었다. 뉴스를 보자마자 펄쩍 뛸 만큼 놀랐다. 아베 수상과 박근혜 대통령이 전면에 나서지 않고 외무장관 수준에서 한 발표. 오랜 세월 양국을 가로막아 온 역사 인식을 해결하기 위한 합의 치고는 너무나도 급조되고 엉성하다고밖에 비치지 않았다.

합의에서 양국 정부는 '최종적이고 불가역적인 해결'이라는 말을 사용해 이것으로 '위안부' 문제를 종결지으려고 했다. 기시다 외무장관은 아베 수상을 대신해 "군의 관여하에 많은 여성의 명예와 존엄을 훼손했다. 일본 정부는 책임을 통감한다. 아베 수상은 진심으로 사죄와 반성의 마음을 표명한다."라고 단조롭게 읽어 내렸다. 어디선가 들은 적 있는 말이다. 그래, 고노 담화의 한 대목 아닌가! 아베 수상은 스스로의 언어로 말하는 것이 아니라 고노 담화의 일부를 본떴을 뿐이다. 그러면 아베 수상은 누구에게 사죄를 한 것일까? 박근혜 대통령에게 전화로 "무수한 고통을 겪고 심신에 걸쳐 치유할 수 없는 상처를 입은 모든 분에게, 진심으로 사죄와 반성의 마음을 표명한다."는 말을 했다고 보도되었다.

머릿속이 새하얘졌다. 이런 합의는 있을 수 없다. 이번 합의가 일본군 '위안부' 문제의 근본적인 해결책이 될 거라는 생각은 들지 않았다. 피해자를 나 몰라라 팽개쳐 둔 것뿐 아니라 '위안부'를 한국만의 문제로 축소시킨 데에도 의문이 있었다.* 하지만 이 합의를 어느 정도 성과로서 환영하는 사람이 적잖은 것도 사실이다.

2016년에 가르칠 아시아태평양전쟁 단원에서 이 문제를 어떻게 가르치면 좋을까 고민했다. 역사적 사실과 현상을 알 뿐만 아니라 생각을 해 주면 좋겠다. 이 문제의 배경에는 상당히

---

* 　합의는 피해자를 배제하고 일본이 국가와 군대의 전쟁 책임을 외면한 채 이루어졌다. 합의에 따라 2016년 7월 설립한 화해치유재단은 피해 당사자와 관련 단체들의 거센 반발에 2019년 7월 해산했다.

정치적인 의도가 깔려 있다. 어른 대상 학습회라면 아베 정권의 의도와 미국과의 관계 같은 정치적 문제까지 이야기할 수 있지만 교실에서는 그럴 수 없다. 이번 '한일합의'의 정치적인 면을 그대로 다루면, '위안부' 문제를 배운다기보다 정치 정세에 사로잡혀 정치 비판으로 끝나기 십상이다.

어떤 수업을 할 수 있을까? 날마다 생각했다. 해가 바뀌어 2016년 5월 14일, 히토쓰바시대학에서 개최된 '위안부' 문제 심포지엄에 요시미 요시아키吉見義明(1946년~)* 씨, 사이토 가즈하루斎藤一晴(1975~)** 씨 들과 함께토론자로 참석해 지금까지 실천해 온 '위안부' 교육을 보고했다. 고교와 대학에서 '위안부' 수업을 해 온 사이토 가즈하루 씨의 보고에서 '화해'라는 키워드를 사용할 힌트를 얻었기에, 다음 '위안부' 수업에서는 '한일합의'부터 '화해'까지 아이들과 함께 생각해 보고 싶었다.

---

* 　역사학자이며 일본 전쟁책임자료센터의 대표이다. 1992년에 일본군 독가스 문제를 연구하던 중 일본 정부가 직접 위안소를 설립하라고 지시한 다수의 자료를 발견하고 위안부 문제에 대해 연구하였다.
** 　역사학자이며 《일본·중국·한국 공동 편집 미래를 여는 역사─동아시아 3국의 근현대사》(고분켄, 2005)의 공동 집필자이다.

노여움, 슬픔, 울분 ……
또다시 오키나와에서 여성이 희생되다

2016년 새해, 예상보다 역사 수업이 늦어져 4월이 되어서야 겨우 아시아태평양전쟁 수업에 들어갔다(중학교에서는 역사 분량이 많고, 근현대사는 3학년 1학기 중반기까지 가르친다). 그럭저럭 '위안부' 수업을 시작하려던 5월 19일, 오키나와현 우루마시에서 행방불명되었던 스무 살 여성이 온나손恩納村˙ 산속에서 유체로 발견되었다. 4월부터 여성이 행방불명이라는 보도를 접했을 때 '혹시' 하며 나쁜 예감을 품고 있었는데 적중해 버렸다. 체포된 용의자는 전직 해병대원 남성이었다. 조깅하러 나온 피해자를 용의자가 폭행하고 살해하여 산속에 방치한 것이다.

　노여움, 슬픔, 울분.

"어째서 막지 못한 거지?"
"왜 오키나와에서 반복되는 거지?"

˙　오키나와현 오키나와 섬 중앙에 위치하는 마을

대답은 알고 있었다.

'군대'

군대가 있는 곳에는 성폭력이 따라붙는다. 몇 번이나 배웠지 않은가?

오키나와에서는 많은 사람이 '나였을지도 몰라'라고 느꼈다.

나였을지도 모른다. 내 자매, 딸, 사랑하는 사람, 친구였을지도 모른다고.

살해당한 여성은 초등학생폭행 사건이 있던 1995년에 태어났다. 그로부터 20년. 성인식을 앞두고 기대에 부풀었던 여성, 가족. 분노와 슬픔으로 가슴이 찢어질 것 같았다. 수업에서도 이 사건에 대해 이야기했다. 오키나와 신문을 갖고.

"여러분, 이 신문을 보세요! 또 이렇게 슬픈 사건이 일어났습니다. 오키나와에서 일어난 사건이에요. 오사카 신문에서는 크게 다루지 않았지만, 오키나와에서는 호외가 나왔어요. 이 여성은 평범하게 밤에 조깅하러 나갔을 뿐이에요. 우리가 사는 마을에서 밤에 조깅하러 갔다고 해서 이런 식으로 군인에게 강간당하거나 살해당하나요? 우리가 사는 마을은 그렇게 위험한 곳인가요? 이 여성은 우리가 평범하게 하는 일을 했을 뿐인데

살해당했어요. 이 여성이 뭔가 잘못했나요? 밤에 달린 게 나쁜 일인가요? 용의자가 정말 범인인지는 아직 몰라요. 이제부터 재판에 넘겨질 테죠. 하지만 지금 아는 바로는, 체포된 용의자는 원래 미국 해병대였어요. 어째서 병사가 이런 범죄를 저지를까요? 생각해 주기 바라요."

나는 단숨에 말했다. 아이들은 진지한 눈빛으로 들었다. 이 기사를 보고 어떻게든 아이들에게 이야기해야 한다고 생각했다.

6월 19일에 '전직 해병에 의한 잔학한 만행을 규탄! 피해자를 추도하고 해병대 물러가라고 요구하는 현민대회'가 열린다는 소식을 듣고서 가만히 있을 수가 없어 오키나와로 날아갔다. 장마가 물러간 오키나와. 태양이 살갗을 사정없이 찌른다. 집회 장소인 오노야마 육상경기장에는 개장 예정 시간보다도 빠르게 많은 사람이 모여들었다. 각지에서 온 동료와 재회하여 맨 앞줄에 앉은 내 눈에는, 단상에 오른 사람들의 침통한 표정이 또렷하게 보였다. 집회는 고쟈 미사코古謝美佐子* 씨의 와라비가미童神**로 시작했다. '내 아이야, 탈 없이 자라거라, 폭

---

* 　오키나와 출신으로 오키나와 음악을 대표하는 가수 중 한 명

を糾弾！ 2016年6月19日（日）
撤退を求める県民大会

2016년 6월 19일 오키나와현 나하시 오노야마 육상경기장에서 가진 '전직 해병에 의한 잔학한 만행을 규탄! 피해자를 추도하고 해병대 물러가라 요구하는 현민대회'

(사진: 《류큐신보》 제공)

풍 칠 때는 그 폭풍에서 너를 지키겠노라' 하는 노래를 들으면
서 많은 사람이 눈물을 흘렸다. 슬픔에 휩싸였다. 지금까지의
집회와는 달리 조용한 가운데 슬픔과 분노와 안타까움이 교차
했다. 해병대를 향한 분노와 함께 '왜 이 사건을 막지 못했는가?
우리는 무엇을 해 왔는가? 피해자에게 면목이 없다'라는 생각을
모두가 공유했기 때문이다. 피해자 아버지가 메시지를 보냈다.

    미군과 군속에 의한 사건 사고가 다발하는 가운데, 내 딸도
피해자의 한 사람이 되었습니다. 왜 내 딸이었는지. 왜 죽여야
했는지.
    지금까지 피해를 당한 유족의 마음도 같을 것입니다. 피해
자의 억울함은 측량할 수 없는 슬픔, 고통, 분노로 바뀝니다.
    그래도 유족은 편히 성불하기만을 바라고 있습니다. 다음
피해자를 내지 않기 위해서라도, 모든 미군기지 철거. 헤노코
辺野古*** 신기지 건설 반대. 현민이 하나로 뭉치면 가능할 것
입니다. 현민으로서, 나고 시민으로서 염원합니다.

**   아이를 지키는 신으로 아이가 건강하게 자라기를 비는 노래이다. 고쟈
미사코가 가사를 썼고 1997년에 발매되었다.
***   오키나와현 나고시에 있으며 후텐마 미군기지 이전을 둘러싸고 지방정
부와 현민들이 반발하고 있다.

1995년 그때와 아무것도 변하지 않았다. 오키나와 사람들이 아무리 소리를 쳐도, 정부는 그 목소리를 전혀 귀담아 듣지 않는다. 전후 줄곧 미군의 성폭력에 노출되어 많은 여성이 피해를 입고 울면서 잠들었다. 피해자가 아무런 보상도 받지 못하는 것과 달리, 범죄자는 그길로 면죄부를 받는 일이 거듭되어 왔다. 오키나와 사람들 그리고 여성들에게 무거운 희생을 지워온 것은 일본과 미국 정부뿐만 아니라 우리 본토 인간들이기도 하다는 사실을 싫어도 깨닫게 된다.

군대와 성폭력은 결코 떼어 놓을 수 없다는 것을 아이들에게 가르쳐야 한다. 역사에서는 '위안부', 공민에서는 일미안보와 미군기지 문제를 다루는 것, 그것이 교사로서 내가 해야만 할 일이다. 분노를 분노로서 내 안에서 소화하지 않으면 냉정하게 수업을 할 수 없다. 2016년 '위안부' 수업은 한일합의와 오키나와 여성 살해사건에서 출발해야겠다고 생각했다.

진정한 '화해'란?

도입은 한일합의. 먼저 신문을 읽기로 한다.

① 한일합의에서 합의된 일은 무엇인가? 아베 수상은 무엇을 사죄했을까? 일본 정부는 어떤 일을 인정했는가? 어떻게 해결하려고 하는가? '위안부' 피해자들은 어떻게 느끼는가? 신문을 읽고 이해한다.

② 이옥선 할머니의 증언을 읽히고, 어떤 상황에서 위안소에 끌려갔고 거기서 무엇을 강요당했는지, 지내던 상황 같은 걸 앎으로써 '강제'라는 말에 대해 생각한다.

③ 《오키나와타임스》와 《류큐신보》 기사를 소개. 군대가 있는 오키나와에서 그동안 일어난 성폭력 사건. 해병대는 어떤 사람들인가? 아시아태평양전쟁에서 일본군 병사는 어떠했을까? 생각해 보자.

④ 고노 담화는 어떤 내용일까? 아베 수상의 사죄와 비교해 보자.

⑤ 독일 베를린에는 '학살된 유럽 유대인들을 위한 기념비'와 유대인 박물관이 있다는 사실, 독일 학교에서 히틀러 시대를 되새기는 수업 등을 소개. 왜 그런 걸 하는 걸까 질문을 던진다.

끝으로 스스로 주제 하나를 골라서 생각한 걸 쓰자. 주제는

독일 베를린 중심부에 있는 '학살된 유럽 유대인들을 위한 기념비'　　　(사진: 위키피디아)

다음 세 가지이다.

"전쟁 때였으니까 '위안부'의 존재는 어쩔 수 없는 일이었을
까?"

"만약 자신이 그 입장(위안부 혹은 일본 병사)이라면?"

"화해를 위해서는 무엇이 필요할까?"

수업 후에 세 가지 주제 중 하나에 대해 의견을 쓰게 했더니,
네 개 반 137명 중 59명이 '화해'에 대해서 썼다. 43퍼센트이
다. 뉴스를 보았을 때 '위안부'라는 존재조차 몰랐던 아이들. 수

업에서 다루고서야 처음으로 그 실태를 알고, 한일합의에 대해 생각했다고 해도 좋다.

아이들 의견에서 어떤 걸 읽어 낼 수 있을까?(m은 남학생)

Ⓐ 정말로 일본과 한국이 화해하려면 배상금 따위가 아니라 마음에서 우러난 사죄를 하고 기념비 같은 걸 세워 후세에 전해야 합니다. '위안부' 사람들이 져야 했던 마음의 상처는 결코 사라지지 않습니다. 그러니까 일본은 '위안부' 사람들이 납득할 수 있는 해결 방법을 생각해서 실행할 필요가 있습니다. 71년이나 지난 지금, 아직 집회를 할 만큼 일본에 분노와 슬픔을 가진 사람들이 있다는 것은 일본이 반성하지 않은 증거라고 생각합니다. 일본이 사죄했다고 해도, 전화를 하거나 고노 씨 한 사람이었거나 했기 때문에 모든 사람이 반성하고 마음에서 우러난 사죄를 해야 할 필요가 있다고 봅니다. 이런 잘못을 두 번 다시 반복해서는 안 된다고 전해 가면 될 거라 생각했습니다.

Ⓑ '위안부'에게는 아주 고통스런 체험이었을 겁니다. 그중에서도 자기 뜻이 아니었다는 부분이 마음에 남아서 일본군이 정말로 그러한 일을 했다고 생각하면 한심할 뿐입니다. 그런 역

사 속에서 한국과 일본이 정말로 화해를 하려면 일본 대표가 이 일을 인정하고 제대로 '위안부' 피해자들과 이야기를 해야 한다고 생각합니다. 그리고 한국 국민이 납득할 수 있는 연설이 필요할 것 같습니다. 무엇보다 이 사실을 감추어서는 안 된다고 생각합니다. (m)

C '위안부' 문제에서 듣고만 있어도 너무 괴로운 체험을 한 여성들이 일곱 가지 요구를 했다고 듣고, 일곱 가지 모두 화해하는 데는 아주 중요한 일이라고 생각했다. 그중에서 우선은 일본 의회의 사죄가 가장 중요하다고 느꼈다. 실제로 지금도 다섯 명이 사죄를 요구하고 있어서, 일본이 죄를 인정하고 사죄를 하지 않으면 아무것도 시작되지 않기 때문이다. 그리고 화해해도, 다음 세대에 전하는 일이 중요하다고 느꼈다.

D 정말로 화해를 하려면, 지금 외무장관끼리 한 화해로는 당연히 부족하다. 진짜 화해는 '위안부' 문제의 진짜 피해자인 '위안부'였던 분들이 납득할 수 있는 대응을 일본이 하는 것이다. 그분들이 돌아가시기 전에 빠른 속도로 그분들이 원하는 일을 모두 실현하고, 더욱이 정말 공적으로 일본 정부가 사죄해야

하며, 이 문제는 평생 그리고 인류가 멸망할 때까지 계속 이야기해야 할 중요한 문제라고 생각한다. (m)

E 진짜로 화해를 하려면 일본은 정식으로 사죄할 필요가 있다. 그리고 피해자들의 요구를 최대한 들어줘야 한다. 그리고 이 기억을 지구·인류의 나쁜 유산으로서 잊지 않도록 원폭돔 같은 장소를 남겨야 한다. 마지막으로 정말로 정부 대표자의 마음에서 우러난 사죄가 필요하다. (m)

F 나는 '위안부' 피해자들과 직접 면담을 하고 그분들이 납득할 때까지 이야기를 한 다음, 요구받은 일을 빨리 실시하고 조사해서 보고서로 정리하여 피해자들에게 보내야 한다고 생각합니다. 피해자들이 납득해 줄 때까지 조사를 계속할 필요가 있고, 납득해 주었을 때야말로 진짜 화해하는 거라고 생각합니다. 그리고 교육에서 이러한 진실을 가르칠 필요도 있습니다. 이런 일을 이루어야 정식으로 화해할 수 있다고 생각합니다. (m)

G 일본 정부는 '위안부' 피해자들을 만나 이야기를 해야 한다. 일본은 전쟁의 화해를 하려는 노력이 부족하기 때문에 다른 나

라들을 보고 배웠으면 좋겠다. 지금 일본에서도 오키나와에서 성폭력 피해를 받는 사람이 많기 때문에, 전쟁의 화해도 포함해서 해결해야만 한다고 생각했다.

H 일본은 독일처럼 '위안부' 피해자들에게 정식으로 사죄하고 다시는 같은 일을 반복하지 않도록 국가 차원에서 기념비를 세우고, 일본 국민이 다음 세대에 전할 필요가 있습니다. '위안부' 피해자들의 상처가 깊어서, 그것만으로는 다 갚을 수 없겠지만 조금이라도 '위안부' 피해자들에게 해 온 일을 명확히 하기 위해 연구하고 진실을 감추지 않고 전하면 될 거라고 생각합니다. '위안부' 피해자들을 찾아가 이야기를 들어도 좋을 것 같습니다.

I 일본 정부는 한국 정부에만 사죄와 반성의 마음을 표명했다. 그것만으로는 일본과 한국의 화해가 아니다. 일본 정부는 '위안부' 피해자 본인에게 사죄해야만 한다. 그리고 수요집회에서 나온 요구를 일본 정부가 받아들여야만 한다. '위안부' 문제만이 아니라 구 일본군은 아시아 여러 나라를 침략하고 많은 사람을 죽였다. 이 문제에 대해서도 일본 정부는 직시해야 한

다. 그리고 역사상 일어난 일을 교훈 삼아 같은 잘못을 결코 반복하지 않도록 굳은 결의를, 아시아 나라들에게 하는 건 당연하고, 온 세계 나라들에게 표명해야만 한다.

J 정말로 화해하려면, 죄가 있는 일본이 피해자의 요구를 가능한 한 성의를 갖고 국력을 기울여 해결해야 한다고 생각합니다. 이유는 일본과 한국은 바다를 낀 이웃 나라여서, 앞으로 장래의 교류도 길 거라고 보기 때문입니다. 그러니까 '위안부' 문제에 대해서는 제대로, 가까운 장래에 일본이 결말을 지어야 합니다. 그리고 앞으로 이 비참한 사건을 후세에 전해야 합니다.(m)

K 저는 우선 '화해를 할 수 있을까?'하고 생각했습니다. '위안부' 피해자들은 공식적으로 용서해 줄지도 모르지만 마음속으로는 절대로 용서하지 않을 테고, 저질러 버린 일은 돌이킬 수 없으니까 솔직히 사죄한다 해도 진짜 화해하고 해결할 수는 없지 않을까 생각했습니다. 하지만 '위안부' 문제를 교훈 삼아 다시는 이옥선 할머니처럼 괴로움을 당하는 사람이 나오지 않도록 할 수는 있기 때문에, 그것이 '위안부' 피해자들에 대한 최대

의 사죄가 되지 않을까 합니다.

L '위안부' 피해자들을 포함해서 화해해야 합니다. 왜냐하면 일본은 정말로 그분들에게 끔찍한 짓을 했고, 만약 내가 '위안부' 입장이라고 생각하면 정말 무섭습니다. '위안부' 피해자들에게 이렇게 끔찍한 짓을 하고서 진심이 담기지 않은 사죄를 해 봐야 전혀 의미가 없습니다. 만약 정말로 미안한 마음을 갖고 있다면, 그분들에게 직접 사죄하고 화해하는 것이 일본 정부가 해야 할 행동이라고 생각합니다.

M '위안부'였다는 걸 인정하고 사죄하고 배상금을 지급하는 것뿐 아니라 선생님 말씀처럼 정부끼리만 이야기하지 말고, 일본 정부 대표가 직접 '위안부' 피해자들을 만나러 가야 한다. 거기서 한 분 한 분에게 사죄하고, 이 일을 어떤 식으로 이야기해야 할지, 해결해 가기 위해서는 무엇이 필요한지를 '위안부' 피해자들에게 듣고서 해결해야 한다. 그러지 않으면 정부끼리의 합의로 끝나고 '위안부' 피해자들은 납득하지 못할 것이다. (m)

N 할머니들을 만나서 제대로 이야기해야 한다고 생각했습니

다. 피해자 의견을 듣지 않고서는 의미가 없습니다. 할머니들이 납득할 수 있는 모양으로 해결하면 좋겠습니다. 우리가 태어나기 전에 일본이 저지른 잘못. 하지만 이 일을 잊지 않도록 독일처럼 기념비를 세웠으면 좋겠습니다.

◯ '위안부' 피해자들을 초대해서 지금 일본에서는 어떤 교육을 하고 있는지를 보여 주고, 일본 의회가 직접 공식 사죄를 한다면 정말로 화해할 수 있을 것이다. 이 건은 100퍼센트 일본이 나쁜 것인데 왜 곧바로 사죄하지 못하는 걸까? 만약 일본이 또 전쟁을 일으킨다면, 정말로 '위안부' 문제가 안 생길까? 누구나 말을 하기는 쉽지만 이대로라면 같은 일이 벌어질 것만 같다. 아마 '위안부' 피해자들도 같은 마음일 것이다. (m)

▣ 전쟁 중에 일본군의 성 상대를 강요받았던 '위안부', 그런 일을 시킨 일본과 화해하기는 무척 어려울 것 같습니다. 그분들이 요구하는 일곱 가지 요구를 전부 들어준다 해도 정말로 화해할 수 있다는 생각은 들지 않습니다. 일본 병사에게 당한 일은 평생 잊을 수 없기 때문입니다. '위안부'에 대해서 국민 모두가 알고, 모두가 '두 번 다시 이런 잘못을 되풀이하지 않겠다'

고 맹세하는 일이 중요하다고 생각합니다. 그리고 기념비를 건립해서 미래 아이들에게도 이 일을 전하고 일본인 모두가 평생 잊지 않도록 해야 합니다.

Q 처음에 정부가 이런 일을 인정하지 않고 숨기다니 있을 수 없는 일이라고 생각했습니다. 하지만 여성들은 사죄를 요구했고 인정하게 만들었습니다. 인정한 사실을 바탕으로 서로가 납득하고 다시는 일어나면 안 될 일이라는 교훈을 남기는 일이야 말로 중요합니다. 지금도 성폭력이 벌어진다니 무섭습니다. 전쟁은 인격을 바꿔 버리나 봅니다. 이런 일이 두 번 다시 일어나지 않기를 바랍니다.

R '진정한 화해' 따위 가능할 리가 없다. 서로 타협점을 찾아 '화해'할 뿐이다. 득실을 따져서, 서로 이익과 손실이 플러스마이너스 제로가 되든가, 어느 한쪽이 손해나 득을 보든지 해서 '화해'하면 된다. 그게 단순하고 좋다. '진정으로 화해'를 할 거면 여성들의 요구를 모두 들어주고 손해를 보고 빨리 끝내는 게 좋다. 하지만 정부는 여성들이 죽은 후에 행동할 것 같다. 그러는 게 편하니까.

학생 대부분이 쓴 것은 한일합의에 관해 '당사자가 빠진' 점
이다. D 학생은 "정말로 화해를 하려면, 지금 외무장관끼리 한
화해로는 당연히 부족하다. 진짜 화해는 '위안부' 문제의 진짜
피해자인 '위안부'였던 분들이 납득할 수 있는 대응을 일본이
하는 것이다."라고 썼다. 많은 학생이 진짜 피해자인 '위안부'
당사자를 외면한 채 그분들에게 직접 이야기를 듣지도 않고,
그분들이 납득하지도 못하는 '화해'는 있을 수 없다는 입장을
취했다. 한일합의에 관한 학생들의 생각은 D와 E의 "정말로 정
부 대표자의 마음에서 우러난 사죄가 필요하다"라는 말로 표현
되었다.

'화해' 방법으로는, B 학생은 '일본 대표가 이 일을 인정하고
제대로 '위안부' 피해자들과 이야기를 할 것', C와 J 학생은 '후
세에 전할 것', A와 H, N 학생은 '기념비 같은 것을 세우는 일',
F와 P를 비롯해 많은 학생이 '이런 일을 교육 속에서 가르칠 필
요가 있다', '미래 아이들에게도 이 일을 전하고, 일본인 전체가
평생 잊지 않도록 해야 한다', H 학생은 '위안부 피해자들에게
한 짓을 명확하게 밝히기 위해 연구하고 진실을 숨김 없이 전
한다', I 학생은 '역사상 벌어진 일을 교훈 삼아, 같은 잘못을 결
코 반복하지 않도록 굳은 결의를, 아시아뿐 아니라 온 세계에

표명해야만 한다'라고 썼다.

　사죄 방법으로는, M 학생은 "일본 정부 대표가 직접 '위안부' 피해자들을 만나러 가야 한다. 거기서 한 분 한 분에게 사죄하고, 이 일을 어떤 식으로 이야기해야 할지, 해결해 가기 위해서는 무엇이 필요한지를 '위안부' 피해자들에게 듣고서 해결해야 한다. 그러지 않으면 정부끼리의 합의로 끝나고 '위안부' 피해자들은 납득하지 못할 것"이라며, 국가 간이 아니라 한 사람 한 사람에게 사과하고 '위안부' 피해자들이 바라는 것을 실현해 가야 한다고 생각한다.

　한편 일본의 자세에 관해, '애초에 화해할 수 있을까?'라는 의견도 있다. K, R 학생은 정부의 태도에 회의적이다. 그런데 이 학생들이 포기했는가 하면, 그렇다 해도 이 문제를 교훈 삼아 다음 세대에서는 그런 일이 일어나지 않도록 할 책임이 있다고 생각한다. L 학생은 이번 정부의 사죄에 대해 '진심이 담기지 않은 사죄를 해 봐야 전혀 의미가 없다'고 신랄하게 비판한다.

　이 수업을 듣고 여러 가지에 관심을 갖게 된 학생도 있다. 오키나와에서 벌어진 여성폭행살해사건을 접하고, '일본에서도 오키나와에서 성폭력 피해를 받는 사람이 많기 때문에 전쟁의 화해도 포함해서 해결해야만 한다', '지금도 성폭력이 벌어진다니, 무섭다'라는 G와 Q 같은 의견. '만약 또 전쟁을 일으킨다면, 정말로 위안부 문제가 안 생길까? 누구나 말을 하기는 쉽지만 이대로라면 같은 일이 벌어질 것만 같다'는 O처럼, 일본이 또 전쟁을 일으킬지도 모른다, 그리고 그때 같은 일이 벌어질지도 모른다는 불안을 안고, 거기서부터 생각하는 학생도 있다.

수업은 단 한 시간이었지만 아시아태평양전쟁 학습에서 배운 내용을 바탕으로 이 문제를 정부 차원의 문제가 아니라 '일본 국민 전체가 생각해야 할 문제', '다음 세대인 자신들이 이런 문제를 진지하게 다뤄야 한다', '남한과 북한, 중국 사람들과 화해를 해야 한다'처럼 지금 우리에게 닥친 문제를 받아들이는 학생이 많았다. 학생 다수가 '화해'란 국가와 국가가 아닌 사람과 사람의 관계라는 견해를 보였고, 특히 피해를 입은 한 사람 한 사람이 소중하다고 생각하는 걸 알 수 있다.

7

겁내지 말고
'위안부' 문제를 가르치자

'촌탁'의 폭풍이 몰아치는 학교 현장

　2017년 1월 24일, 오랜만에 《NHK》가 '위안부' 문제를 다룬다기에 불안과 기대 속에서 프로그램을 보았다. 한국 '평화의 소녀상'과 '한일합의'를 다룬 〈클로즈업 현대+〉이다. 제목은 "한국 가열하는 '소녀상' 문제-처음으로 입을 연 위안부". 제목만 보고도 내용은 대충 짐작이 갔지만, 실제로 보면서 내 심박수는 뛰어올랐다. 방송은 소녀상 설치에 반대하며 '한일합의' 이행을 한국에 촉구하는 일본 정부 입장만 다루었다. 그 때문에 '당사자의 다양한 목소리'라고 말하면서 한일 '합의'에 기반한 지급 수용*, 소녀상 설치를 비판하는 사람 목소리밖에 전하지 않았다. 또한 시기와 내용이 다른 영상을 내보내기도 하고, 보수파 인터뷰만을 다루는 등, 한국에 대한 오해와 편견을 부채

질했다. 《NHK》는 2001년 여성국제전범법정을 둘러싸고 정치
적 압력에 의해 방송을 뒤집는 지경에 이르렀다.** 이후 '위안
부'에 관한 프로그램은 만들지 않았다. 16년 만에 '위안부' 문제
를 다룬 자세는 어느 정도 평가하지만 일본 정부의 의향을 헤
아려서 방송을 제작해야 하는 상황에는 변함이 없음을 느꼈다.

　전국 네트워크에서 방영하는 '공공방송'인 《NHK》의 영향력
은 크다. 이 프로그램을 본 사람들은 일본 정부는 '위안부' 문제
해결에 적극적인데 한국은 문제를 정치에 이용하여 역으로 해
결이 멀어지고 있다고 받아들이지 않을까? '위안부' 문제에 선
입견을 심어 주어, '위안부' 피해자들과 그들을 오랫동안 지원
해 온 시민단체에 대해 점점 더 편견과 반감이 커지는 건 아닐
까? '작작 좀 해. 언제까지 사죄하라고 해야 속이 시원하냐', '이

・　　일본 정부가 '화해치유재단'에 보낸 10억 엔을 말한다. 일본 정부는 배상
금이나 보상금과는 전혀 성격이 다른 '국제기관 등 거출금' 명목으로 예산을 조달
했다. (참조: 《한겨레신문》 2016년 8월 31일 인터넷판)
・・　　2000년 12월 8일에서 12일까지 일본 인권 단체들 주최로 도쿄에서 여
성국제전범법정이 열렸다. 해외에서 200명, 일본 내에서도 100명의 기자가 방
청했지만 일본 언론은 침묵했다. 당시 《NHK》는 '법정'을 소상히 보도할 예정이
었지만 정치 압력에 의해 판결문과 피해자의 증언, 전 일본군의 가해 증언을 삭
제하고, '법정'을 부정하는 방향에서 프로그램을 방영했다. (참조: 여성주의 채널
〈일다〉 2011년 1월 4일. '여성국제전범법정이 역사에 남긴 의미는'-쇼지 루쓰코)

미 해결된 거 아니야? 일본은 성실하게 약속을 지켰으니까 쫑알대지 말고 지금을 받아들여', '이래서 한국은 신용할 수 없어', '소녀상을 빨리 철거해'. 방송 때문에 이러한 목소리가 환기되는 건 아닐까 불안을 품었다.

이래서는 학교 현장에서 '위안부' 수업을 주저하는 교사가 점점 늘어날지도 모른다.

자민당은 2016년 6월 25일에 '학교 교육에 있어 정치적 중립성에 대한 실태 조사'를 홈페이지에 게재하고 협력을 호소했다.

당 문부과학부회에서는 학교 교육에서 정치적 중립성의 철저한 확보 등을 요구하는 제언을 정리해 공명정대한 교육을 요구하고 있지만, 교육 현장 속에서는 '교육의 정치적 중립성은 있을 수 없다' 또는 '아이들을 전쟁터에 보내지 마라'고 주장하며 중립성을 벗어난 교육을 하는 교사들이 있는 것도 사실입니다. / 학교 현장에서 주권자 교육이 중요한 의미를 갖는 가운데, 편향된 교육으로 학생의 다면적 다각적인 시점을 잃게 할 우려가 있으며, 고등학교에서 이루어지는 모의투표 등에서 의도적으로 정치색이 짙은 편향 교육을 하여, 특정 이데올로기에 물든 결과를 이끌어내는 일에 우리 당은 걱정과 두려움을 느낍니다. / 그래서 이번에 학교 교육에 있어 정치적 중립성에 대한 실태를 조사하기로 했습니다. 여러분의 협력을 부탁드립니다.

이러한 격문 아래에는 성, 이름, 발음, 성별, 연령, 직업, 직장명과 학교명(교직원인 경우에만), 전화번호, FAX 번호, 주소, 이메일, 정치적 중립을 벗어나는 부적절한 사례를 구체적으로(언제, 어디서, 누가, 무엇을, 어떻게) 기입하는 항목을 설정하고 인터넷상에서 입력할 수 있도록 했다.

여러 비판이 쏟아지자 '아이들을 전쟁터에 보내지 마라'는 부분이 '안보 관련법은 폐지해야 한다'로 변경되었고, 그 뒤 이것도 삭제되었다. 하지만 조사는 속행되었고, 7월 18일에 종료되었다. 조사에 협력을 호소한 자민당은 "상당한 건수의 사례가 모였으며 공직선거법에 반하는 사례도 있다.", "위법성 높은 건은 문부과학성에 제출하겠다.", "공직선거법 위반은 경찰이 다룰 문제"라고 썼다.

그리고 한창 이 조사를 하던 중, 조사 효과를 보이는 보도가 한 건 나왔다. 나고야 시립중학교에서 참의원에 관련된 내용을 가르치던 사회과 교사가 "여당인 자민·공명이 의석의 3분의

2를 획득하면 헌법 개정 절차를 밟는 일도 가능해진다.", "그렇게 되면 전쟁이 터졌을 때 가게 될지도 모른다."라고 한 발언을 문제 삼았다. 시교육위원회가 이 발언을 '교육기본법에서 요구하는 정치적 중립성 관점으로 볼 때 부적절'하다고 판단하여 해당 교사가 학생에게 사죄하는 일이 벌어졌다. 신문에서도 다루어 학교 현장을 뒤흔들었다. 자민당이 협력 요구를 종료했지만 현장을 위축시키는 효과는 컸다.

이 조사와 나고야 사건을 알았을 때, 올 것이 왔다고 느낀 건 나만이 아닐 것이다. 밀고 장려 격문이었던 셈이다. 전쟁 전에도 마찬가지로 밀고 사회를 만들려 했다.

이러한 밀고 장려 움직임의 근저에는, 현행 헌법을 부정하는 입장에서 '현행 헌법은 강제된 것이며 문제가 많고 헌법을 개정하여 자유헌법을 만들 필요가 있다'는 자민당의 사고방식이 있다. 이런 사고에서 보면 평화주의와 기본적 인권 존중, 국민 주권이라는 현행 헌법 이념을 가르치는 수업은 편향된 교육이며 지도 대상이 되는 게 당연하다면 당연하다. 그러면 '교육칙어'를 암송시키거나 '어른들은 일본이 다른 나라에게 지지 않도록 센카쿠열도, 독도, 북방 영토를 지키고 일본을 나쁜 놈 취급하는 중국과 한국이 마음을 고쳐먹고, 역사 교과서에서 거짓을 가르치지 않도록 부탁드립니다. 아베 수상 힘내라! 아베 수상, 힘내라! 안보법제 국회 통과, 다행입니다.'라고 운동회 선수 선서에서 유아들에게 말하게 시킨 쓰카모토유치원*은 편향 교육이 아닌 것인가?

이러한 움직임 속에서, 지금 많은 학교에서 '촌탁忖度**'이 일어나고 있다. 수업과 학교 운영에 대한 공격을 피하기 위해 의원이 의회에서 질문을 할 때마다 교장이 교사가 작성한 프린트물을 검사하고, 심지어는 본인 승낙도 받지 않은 채 학교에 둔 교사의 물건을 수색하여 멋대로 갖고 나가는 인권 침해가 일어난 사례도 있다. 또한 '일장기', '기미가요'를 둘러싸고, 의원이 졸업식에 참가한다는 소식을 들은 교장이 교직원의 합의를 무시하고 지금까지 해온 졸업식 방식을 변경하는 사태도 일어나고 있다. 양쪽 다 교육위원회는 '질문이 있었다는 걸 교장에게 전했을 뿐', '의원이 졸업식에 참석한다고 교장에게 전했을 뿐'이라고 말하지만, 위에서 내려온 지시는 말단에 닿으면 닿을수

---

* 쓰카모토유치원은 극우 인사가 운영하는 모리토모학원이 설립했다. 우익 교육과 혐오 발언으로 물의를 일으켰으며, 문제가 된 운동회 영상은 인터넷에도 공개되어 있다. 모리토모학원은 수상 부인인 아베 아키에와 깊이 연결되어 있고 학교 부지로 쓸 국유지를 헐값 매입해 스캔들이 터졌다.

** 남의 마음을 미루어 헤아림

록 '촌탁'이라는 형태를 띠고 강제력이 강해진다. 이미 교육 현장은 정치 개입이 당연한 듯한 상황과 촌탁 폭풍이 어지럽게 몰아치고 있다고 할 수 있다.

겁내지 말고 '위안부' 문제를 가르치자

역사수정주의자가 노리는 건 학교이고 교사이다. 그들은 역사 연구 따윈 처음부터 안중에도 없다. 역사 연구로 맞겨룰 수 없다는 사실을 그들 자신이 누구보다 잘 알기 때문이다. 하지만 그들은 역사 연구로 겨룰 수는 없어도 실증되지도 않은 허튼소리를 태연하게 혐오 서적으로 유통시키고, 인터넷상에서 자기들 입맛에 맞는 주장을 마구 확산시킨다. 익명성 높은 인터넷상에서는 한번 올려 두면 확산되는 건 눈 깜짝할 사이다. 그럴듯한 날조 기사가 사실인 것처럼 퍼지고, '위안부'라고 검색하면 맨 처음 나오는 것이 '위안부' 피해자들을 향한 분별없는 중상모략이다. 인터넷의 날조 기사를 보고 '돈을 받았다', '호강을 했다', '납치돼 온 게 아니니까 강제가 아니다', '당시에 매춘은 당연한 일이었다' 같은 말을 믿는 사람도 적잖다.

그리고 교육위원회 등은 제대로 검증도 하지 않고 '대립하는 이론을 병기해서 가르치도록', '의견이 복수인 사건, 역사적 평가가 아직 정착되지 않은 사건에 대해 신중하게 취급하고 충분히 배려하도록'이라며 현장 교사를 지도한다.

대립하는 이론을 병기한다는 건 무엇인가? 도오야마 시게키 遠山茂樹(1914년~2011년)* 선생은 《역사학에서 역사 교육으로》(이와사키서점, 1980년)에서 "학설이란 사실에 의한 검증, 즉 논증을 거친 것, 학회에서 발표되어 다른 연구자의 비판을 받고 그것에 견딜 수 있는 것, 여러 해 동안 쌓인 학회 연구 성과를 기초로 하는 것"이라고 썼다. '위안부'를 둘러싼 역사수정주의자의 주장이 그중 어느 것에도 들어맞지 않는다는 건 명확하다.

수업 내용을 공격하는 구실 중에는 '교과서에 실리지 않았다'는 것도 있다. 그런 의미에서도 2012년 이후 역사 교과서에서 '위안부' 기술이 사라지고 일본의 전쟁 침략에 관한 기술이 감소한 사실은 크게 작용한다. 교과서에 기재됨으로써 현장을 공격하기 어려워짐은 물론이고, '위안부' 문제를 잘 모르는 젊은

---

* 　일본 역사학자. 저서로 《평화를 바라는 사람들》, 《전후 역사학과 역사 의식》 등 다수가 있다.

교사도 교재 연구를 하여 가르칠 여지가 생기기 때문이다.

그런데 2016년부터 사용되는 사회과 교과서에 오랜만에 '위안부' 기술이 부활했다. 마나비샤学び舎에서 낸《함께 배우는 인간의 역사》이다. 〈되묻는 전후〉라는 장의 본문에 강제 연행, 강제 노동 사실과 보상 문제를 기술하고, 칼럼에서는 "1991년 한국의 김학순 할머니의 증언을 계기로 하여, 일본 정부는 전시하의 여성 폭력과 인권 침해에 대해 조사했다. 그리고 1993년에 사죄와 반성의 마음을 표하는 정부 견해를 발표했다. 이처럼 동아시아에서도 전시하의 인권 침해를 되묻는 움직임이 진행되었다. 미국, 네덜란드 등 각국 의회도 이 문제를 다루었다."고 기술하고, 자료로 고노 요헤이 관장방관 담화도 일부를 요약해서 기재했다. 이것은 획기적인 일이다. 지금까지 '위안부'를 기술하면 검정에 합격하지 못한다는 말이 그럴듯하게 들렸다. 하지만 그렇지 않다는 것이 증명되었다. 단 한 회사의 교과서라고 해도 교과서에 기술된 의의는 크다.

교과서 회사의 양심을 건 노력이 무로 돌아가지 않게 가르치는 방법을 고민함과 동시에, 교과서에 진실을 싣기 위한 대처가 중요한 과제라는 것은 틀림없다.

일본의 좋은 점만을 가르치는 것이 과연 어떤 인간을 키우는

마나비샤가 발행한 《함께 배우는 인간의 역사》

일로 이어질까? 요즘에는 일본이 최고, 일본은 멋지다며 일본을 예찬하는 버라이어티 프로그램만 가득하다. 그런데 그런 면만을 가르쳐서는 건방지고 오만한 인간을 키울 뿐 아닐까? 역사에는 옳고 그른 양면이 있다. 같은 잘못을 다시는 반복하지 않는다는 점에서 보면 오히려 나쁜 면을 가르치고 배우는 일이 중요하다. 지금까지 가르쳐 온 적잖은 아이들이 '나쁜 면을 알면 잘못을 반복하지 않는 공부가 된다', '일본의 잘못을 아는 것이 오히려 근린 국가들과의 관계에서 중요하다', '일본이 여러 나라에서 가해 행위를 했다는 사실을 아는 건, 설령 내가 한 일이 아니라 해도 중요하다'고 말한다.

'위안부' 문제는 전쟁의 실상을 배울 때 중요한 시점을 제공

【朝鮮・台湾の人びとと日本の戦争】

戦争が長期化すると、日本政府は、敗戦までに約70万人の朝鮮人を国内の炭鉱などに送り込んだ。長時間の重労働で、食事も不十分だったため、病気になったり、逃亡したりする人も多かった。

さらに、志願や徴兵で、多数の人びとが日本軍に動員された。また、軍属として、日本の占領地にある捕虜収容所の監視人や土木作業などを命じられた。朝鮮からは軍人20万人以上、軍属約15万人、台湾からは軍人約8万人、軍属約12万人にのぼった。

①一方、朝鮮・台湾の若い女性のなかには、戦地に送られた人たちがいた。この女性たちは、日本軍とともに移動させられ、自分の意思で行動することはできなかった。

【問い直される人権の侵害】

1990年代、世界では、戦時下や植民地支配下での人権侵害を問い直す動きがすすんだ。2001年に南アフリカで開かれた、国連主催の会議で、奴隷貿易や奴隷制度、植民地支配の責任が初めて問われた。

アメリカ政府とカナダ政府は、第二次世界大戦中に日系アメリカ人を強制収容所に入れたことを謝罪し、被害者に補償を行った。2013年、イギリス政府は、植民地だったケニアで独立を求めた人びとを収容所に入れ、拷問・虐待した問題で、被害者に補償を行うことを表明した。

②1991年の韓国の金学順の証言をきっかけとして、日本政府は、戦時下の女性への暴力と人権侵害についての調査を行った。そして、1993年にお詫びと反省の気持ちをしめす政府見解を発表した。このように、東アジアでも戦時下の人権侵害を問い直す動きがすすんだ。アメリカ、オランダなど各国の議会もこの問題を取り上げた。

現在、世界各地の戦時下の暴力や人権侵害の責任が問い直されるようになっている。

《함께 배우는 인간의 역사》의 '위안부' 문제에 관한 기술

① 한편 조선·대만의 젊은 여성들 중에는 전쟁터에 보내진 사람들도 있다. 이 여성들은 일본군과 함께 이동해야만 했으며, 자기 뜻대로 행동할 수 없었다.
② 1991년 한국 김학순의 증언을 계기로 일본 정부는 전시에 일어난 여성 폭력과 인권 침해에 대해 조사했다. 그리고 1993년에 사죄와 반성을 담은 정부 견해를 발표했다. 이처럼 동아시아에서도 전시에 발생한 인권 침해를 되묻는 움직임이 일었다. 미국, 네덜란드 등 각국 의회도 이 문제를 다루었다.

한다. 군사기지가 있거나 전쟁 중인 곳에서는 지금도 전시성 폭력이 일어나고 있다. 그 증거가 미군에 의한 성폭력이 반복되는 오키나와이며 내전이 계속되는 시리아이다. 우리는 '가엾어', '끔찍해'라는 말로 지나치고 있지는 않은가? 나는 '위안부' 문제를 통해, 아이들이 현재 일어나고 있는 성폭력을 남의 일

이 아니라 '내 일'로서 받아들여 주기를 바란다. 당사자 입장에서 생각해 주기 바란다.

경쟁과 자기책임이라는 말이 날뛰며 사회보장제도도 토막이 나고 신자유주의가 횡행하고 있다. 동일본 대지진 피해자는 버려지고 올림픽을 미친 듯이 떠들어 댄다. 아이 어른 할 것 없이 A 아니면 B라는 양자택일에 떠밀려 알기 쉽고 공허한 말에 묶이려는 참이다. 시민 사이에 분단과 고립이 퍼져 간다.

역사수정주의자들이 특정한 정치적 목적을 갖고 만든 교과서의 채택이, 속도는 느리지만 늘고 있다. 그리고 그 교과서를 이용해 아이들을 정권이 원하는 인간으로 만들려는 교육을 획책하고 있다.

지금만큼 역사에 관련된 연구자와 교육자가 현실을 바라보고 현실 속에 살며, 과거를 어떻게 바라볼 것인가를 묻는 시대는 없을 것이다. 이 현실에 어떻게 맞서 싸울 수 있을지를, 목소리를 내게 된 '위안부'의 사는 법과 학생들한테서 배웠다. 역사학과 역사 교육의 연결고리를 더욱 강화하고, 이론에서든 실천에서든 역사수정주의자들의 책동을 넘어 새로운 전후 교육의 정점을 만들고 싶다. 지금이야말로, 일본을 다시 전쟁 가능 국가로 바꾸려 하는 사람들의 공격에 흔들리지 않는 근현대사 교육 내용의 정선精選과 실천을, 역사 연구자와 역사 교육자가 손 맞잡고 해 나가기 바란다. 그 수업의 핵이 되는 것이 '위안부' 문제이다. 겁먹지 말고 당당하게 '위안부' 문제를 가르치자. 그런 교육자가 많이 나타나면, 반드시 사회는 바뀐다.

'방관자가 되지 않는다' 그리고 '항거한다'

2017년 3월, 졸업까지 얼마 남지 않았다. 남은 시간, 우리 반 아이들에게 뭔가 메시지를 보내고 싶어서 보여 준 것이 영화 〈호텔 르완다〉(2004년)이다. 1994년, 아프리카의 작은 나라 르완다에서 오랜 세월 풀리지 않은 민족 대립(후투족과 투치족)이 폭발하여 대학살이 벌어졌다. 이때 희생자는 200만 명(국민의 10퍼센트)이 넘는다. 그때 별 4개짜리 호텔의 부지배인이 1000명이 넘는 사람들의 목숨을 구한 실화를 바탕으로 한 영화다. 그 영화의 한 장면이다. 어느 카메라맨이 학살 영상을 세계에 발신했다. "이걸 보고 세계 사람들이 우릴 구해 줄 거야."라며 기뻐하는 주인공. 그러나 카메라맨은 말한다. "세계 사람들은 이 영상을 보고 '무서워'란 말을 할 뿐, 계속 저녁을 먹을 거야."

라고.

이 장면을 아이들에게 꼭 보여 주고 싶었다.

"이 이야기는 지금 오키나와를 대하는 우리의 태도가 아닐까?"하고.

수업을 하면서 후텐마 기지와 가데나嘉手納 기지의 위험성, 일본 내에 있는 미군기지 중 약 70퍼센트가 오키나와에 몰려 있는 상태, 헤노코에 새 기지가, 다카에에 어스프레이* 헬기장이 주민 반대를 무시하고 건설 중인 일, 작년(2016년) 스무살 여성이 전직 해병에게 폭행 살해당한 일을 다루어 왔다. '야단났네, 오키나와', '불쌍해'로 끝나는 게 아니라 '어째서 이런 사건이 오키나와에 집중되어 있는지, 왜 여성은 피해를 입었는지, 원인은 어디 있는지, 오키나와 문제는 본토에 사는 우리와 어떻게 연관되어 있는지, 이것이 남의 일인지' 생각해 주기를 바랐기 때문이다.

졸업식이 끝나고 아이들 하나하나가 메시지카드를 선물해 주었다. 마유는 갓 3학년이 됐을 무렵 좀처럼 자신을 드러내지 않고 불안해 보이는 학생이었는데, 졸업이 다가옴에 따라 점점

* 물수리. 미 해병대의 수직 이착륙 수송기 V-22의 애칭

활발하게 자신을 주장하게 되었다. 마유는 메시지카드에 이렇게 써 주었다.

선생님을 만나고서 제 인생은 크게 변했어요! 전쟁과 평화에 대해 남 일처럼 여기지 않고 진지하게 생각하게 되었어요. 선생님이 날마다 "어떻게든 될 거야"(학급통신)를 나눠 주신 덕분에, 더욱이 한 사람 한 사람의 노력을 잘 알 수 있었어요! 3학년 6반을 끝까지 지켜보고, 하지만 화내야 할 때는 화내고! 그런 선생님 같은 어른이 되기 위해 노력할 거예요!

입학식과 졸업식 때마다 일장기와 기미가요를 둘러싸고 우파 직원들한테서 이런저런 압력을 받는 것이 지금의 교육 현장이다. '대면식 졸업식*을 그만둬라', '단상 정면에 일장기를 걸어라', '아이들에게 기미가요를 제창시켜라' 등등, 온갖 것들이 의회 질문에서도 나온다. 촌탁하여 지금까지 해 온 교직원 합의를 무시하려고 하는 관리직도 있다. 아이들이 아니라 직원과

• 　　졸업생이 단상을 바라보지 않고 후배들과 부모님 쪽을 마주 보는 형식. 단상에 걸린 일장기를 등지게 된다.

교육위원회를 보고 있다는 생각밖에 들지 않는 일도 있었다. 지금까지도 많은 관리직과 줄다리기를 해왔다. 허무함이 밀려올 때도 있었다.

어느 날 PTA 공보 담당자한테서 의뢰가 왔다. PTA 신문의 졸업생 특집호 페이지에 '아이들 스스로 중학교 생활이나 앞으로의 일에 대해 한자 한 글자로 표현해 달라'는 거였다. 담임도 써야 한다. 그러면 어떤 글자를 쓸까?

'抗(항)'

내가 고른 글자다. 이 글자밖에 떠오르지 않았다.

생각해 보면, 지난 10년 간 나는 항상 저항해 왔다. 때로는 재특회에, 교육위원회에, 관리직에, 민주적인 교육을 뭉개 버리려 하는 움직임에 대해. 그러한 공격은 나뿐 아니라 학교, 나아가 아이들에 대한 것이기 때문이다. 싸우고 있다는 생각은 하지 않는다. 싸움은 상대를 이기겠다는 생각으로 하는 행위다. 나는 이길 생각을 하지 않는다. 상대가 공격을 멈추게 할 뿐이다. 그렇기에 몇 번을 당하든 매번 저항한다. 공격해 오는 상대를 이기려고 하지는 않지만 지고 싶지도 않다. 통하지 않을 걸 알면서도 이치를 들어 끈기 있게 저항할 수밖에 없다. 저항하려면 배워야 한다. 어느 쪽이 이치에 맞는 말인지 주위 사람들이 알게 하려면 설득력 있는 말도 필요하다. 성가시다. 하지만 계속할 수밖에 없다. 불합리한 공격을 하는 세력에게, 자기들이 하는 일이 더 나은 사회를 만드는 일로 이어지지 않는다는 사실을 깨닫게 해 주려면. 그런 일을 해도 소용없다고 생각하게끔 만들려면.

완성된 PTA 신문이 배포되었을 때, 아이들은 서로가 쓴 글자의 의미를 나누고 있었다. 내가 쓴 글자를 신기한 듯 바라보는 아이들도 있었다. 졸업식 마지막 HR에서 설명을 해 줄 생각이었다.

2017년 3월 14일, 졸업식 당일. 아이들에게 이야기할 시간은 조금뿐이다.

여러분은 지금까지 정직해라, 분별 있는 아이가 되라는 말을 많이 들었을 거예요. 어릴 때는 그래도 괜찮을지 몰라요. 하지만 앞으로는 '저항'할 수 있는 사람이 되기 바라요. 나는 '저항'을 중요하게 여겨 왔어요. 그리고 여러분도 '저항'을 소중하게 여기기 바라며, PTA 신문에 이 글자를 썼어요.

'抗'이라는 글자는 '반항'이란 말에 들어 있어요. 그다지 좋은 이미지는 아닐지도 몰라요. 하지만 '저항력'에도 '抗' 자가 들어 있어요. 병에 걸렸을 때 '저항력'이 있는가 없는가에 따라서 회복이 빠르기도 하고 아주 무거운 증상을 보이기도 해요. '저항력'은 병에 지지 않는 힘, 바깥의 압력에 지지 않는 힘을 가리켜요.

앞으로 여러분이 나갈 사회는, 인권이 지켜지지 않거나, 주권자인 국민의 목소리가 짓밟히는 사회일지도 몰라요. 불합리한 일이 많을지도 몰라요. 그런 때에, 정직하라고는 말할 수 없어요. 그럴 때는, 저항해야 해요. 저항. 그러려면 배워야 해요. 힘이 필요해요. 용기가 필요해요. 무엇이 불합리한지, 그것은 어디에서 오는지, 어떻게 하면 좋을지. 그것을 가려낼 힘이 필요해요. 남이 불합리한 일을 당했을 때, 나랑은 관계없다며 방관자가 되면, 언젠가 그 일은 나에게도 일어나요. 혼자서 저항할 수 없을 때는 동료와 연대해야 해요. 힘을 합치는 거예요.

나는 여러분 전원이 행복해지기를 바라요. 행복이 뭔지는 사람마다 다를 거예요. 하지만 적어도, 사람을 짓밟고 올라가서 행복할 수는 없어요. 누군가가 희생되는 행복 따위는 없어요. 내가 행복해지려면 다른 사람 행복도 지켜야 해요. 사람의 행복을 짓밟는 행동에는 저항해야 해요. 내 행복이 짓밟혔을 때와 똑같이. 그리고 시야를 넓히세요. 일본 어딘가에 짓밟히는 사람이나 지역은 없는지. 그걸 남의 일이라며 그대로 둬도 좋은지. 어떻게 하면 좋을지. 그런 걸 생각할 수 있는 어른이 되길 바라요.

이것이 내가 여러분에게 하는 마지막 말이에요.

나는 이렇게 말하고 아이들을 떠나보냈다.

자료 편

가토 내각 관방장관 발표

1992년 7월 6일

한반도 출신의, 이른바 종군위안부 문제에 대해서는, 작년 12월부터 관련 자료가 보관되어 있을 가능성이 있는 모든 중앙 관청에서 정부가 이 문제에 관여했는지 아닌지에 대해 조사를 한 바, 이번에 그 조사 결과가 정리되었기에 발표하기로 했다. 조사 결과는 배포한 자료대로이다. 요점을 간추려서 말씀드리자면, 위안소 설치, 위안부 모집 담당 관리, 위안 시설 축조·증강, 위안소 경영·감독, 위안소·위안부의 위생 관리, 위안소 관계자의 신분증명서 발급 등에 관해 정부가 관여한 사실이 인정되었다. 조사의 구체적 결과에 대해서는, 보고서에 각 자료의 개요를 정리해 두었으니 읽어 주기 바란다. 더욱 자세한 내용은 나중에 내각외정심의실에서 설명할 것이니, 무언가 내용에 대해 질문이 있다면 그때 들려주기 바란다.

정부로서는 국적과 출신지를 불문하고, 이른바 종군위안부로서 필설로 다할 수 없는 고통을 겪은 모든 분에게 진심으로 사죄와 반성의 마음을 전해 드리고 싶다. 또한 이러한 잘못을 결코 반복해서는 안 된다는 깊은 반성과 결의 아래, 평화 국가로서의 입장을 견지하는 동시에, 미래를 향해 새로운 일한 관계 및 그 밖의 아시아 국가들, 지역과의 관계를 구축하기 위해 노력하고자 한다.

이 문제에 대해서는 여러 사람들의 이야기를 듣고, 정말로 마음이 아팠다. 이러한 고통을 겪은 분들에게 우리의 마음을 어떤 형태로 나타낼 수 있을지, 각 방면의 의견도 들으면서 성심성의껏 검토해 갈 것이다.

고노 담화

1993년 8월 4일

위안부 관계 조사 결과 발표에 관한 고노 내각관방장관 담화

이른바 종군위안부 문제에 대해서 정부는 재작년 12월부터 조사를 진행했으며, 이번에 그 결과가 정리되었기에 발표하기로 했다.

이번에 조사한 결과, 오랜 기간 광범위한 지역에 걸쳐 위안소가 설치되었고, 수많은 위안부가 존재한 사실이 인정되었다. 위안소는 당시 군 당국의 요청에 따라 설치 운영되었고, 위안소 설치, 관리 및 위안부 이송에 대해서는 구 일본군이 직접 또

는 간접으로 관여하였다. 위안부 모집은 군의 요청을 받은 업자가 주축이 되었지만, 그 경우도 감언, 강압에 의하는 등, 본인들의 의사에 반해 모인 사례가 많고, 더욱이 관헌 등이 직접 이에 가담한 일도 있었다. 또한 위안소 생활은 강제적인 상황 아래 참혹한 것이었다.

또한 전쟁터에 이송된 위안부의 출신지에 대해서는, 일본을 별개로 하면 한반도가 큰 비중을 차지했는데, 당시 한반도는 일본*의 통치하에 있었고, 그 모집, 이송, 관리 등도 감언, 강압에 의하는 등, 모든 행위가 본인들의 의사에 반한 것이었다.

아무튼 이 건은 당시 군의 관여 하에 많은 여성의 명예와 존엄을 깊이 상처 입힌 문제이다. 정부는 이 기회에 다시금, 그 출신지를 불문하고, 이른바 종군위안부로서 수많은 고통을 경험하고, 심신에 치유하기 어려운 상처를 지고 있는 모든 분에게 마음으로부터 사죄와 반성의 말씀을 올린다. 또한 그러한 마음을 일본이 어떻게 나타낼지에 대해서는, 지식인의 의견 등도 한데 모아서, 앞으로 진지하게 검토해야 할 것이라 생각한다.

우리는 이러한 역사의 진실을 회피하지 않고, 오히려 이것을

---

*   원문에는 '우리나라'라고 되어 있으나, 혼란을 피하기 위해 일본으로 표기하였다. 이하 담화문 모두 일본으로 통일한다.

역사의 교훈으로서 직시하고자 한다. 우리는 역사 연구, 역사 교육을 통해, 이러한 문제를 영원히 기억하여, 같은 잘못을 결코 되풀이하지 않겠다는 굳은 결의를 다시금 표명한다.

더욱 이 문제에 대해서는 일본에 대한 소송이 제기되어 있고, 또한 국제적으로도 관심이 높으며, 정부로서도 앞으로 민간 연구를 포함해 충분한 관심을 기울이고자 한다.

무라야마 담화

1995년 8월 15일

무라야마 내각 총리대신 담화 '전후 50주년 종전 기념일에 부쳐'

전쟁이 끝을 고하고서 50년 세월이 흘렀습니다. 지금 다시, 그 전쟁에 의해 희생당한 내외의 많은 사람을 생각하면, 만감이 가슴에 북받칩니다.

패전 후 일본은, 폭격으로 불타 버린 폐허에서 수많은 곤란을 이겨 내고 오늘의 평화와 번영을 이루어 왔습니다. 이 사실은 우리의 자랑이며, 거기에 쏟아부은 국민 한 사람 한 사람의 지혜와 부단한 노력에, 저는 진심으로 경의를 표합니다. 지금에 이르기까지 미국을 비롯해 세계 각국에서 보내 온 지원과 협력에 다시금 깊이 감사드립니다. 또한 아시아태평양 이웃 국가들, 미국, 더욱이 유럽 여러 국가들과 오늘날과 같은 우호 관계를 쌓아 올리게 되어 진심으로 기쁘게 생각합니다.

평화롭고 풍족한 일본이 된 오늘날, 우리는 자칫하면 평화의 존엄함과 본모습을 잊기 쉽습니다. 우리는 과거의 잘못을 두 번 다시 반복하는 일이 없도록, 전쟁의 비참함을 젊은 세대에게 전해야만 합니다. 특히 이웃한 여러 국가 사람들과 손을 잡고서 아시아태평양 지역, 나아가 세계 평화를 공고히 하기 위해서는, 무엇보다도 상호 깊은 이해와 신뢰를 바탕으로 한 관계를 쌓아야 합니다. 정부는 이 생각을 바탕으로, 특히 근현대 일본과 이웃 아시아 국가들과의 관계에 얽힌 역사 연구를 지원하고, 각국과의 교류를 비약적으로 확대하기 위해, 이 두 가지를 핵심으로 한 평화우호교류사업을 전개하고 있습니다. 또한 현재 힘을 기울이고 있는 전후 처리 문제에 대해서도 일본과 이웃 나라들 사이의 신뢰 관계를 한층 강화하기 위해, 저는 앞으로도 성실하게 대응해 나가겠습니다.

전후 50주년을 맞은 지금 우리가 새겨야 할 것은, 지나온 세월을 돌아보며 역사의 교훈에서 배우고, 미래를 바라보며 인류의 평화와 번영으로 가는 길을 잘못 들지 않는 것입니다.

일본은 머지않은 과거의 한 시기, 국가 정책을 그르쳐 전쟁이란 길을 택해서 국민을 존망의 위기에 빠트렸으며, 식민지

지배와 침략으로 많은 나라, 특히 아시아 여러 국가 사람들에게 크나큰 손해와 고통을 주었습니다. 저는 미래에 잘못이 없도록 의심할 여지 없는 이 역사 속 사실을 겸허히 받아들이고, 다시금 뼈에 사무치게 반성하며, 진심으로 사죄를 표명합니다. 또한 이 역사가 가져온 내외 모든 희생자에게 깊은 애도의 뜻을 표합니다.

패전 50주년을 맞은 오늘, 일본은 깊은 반성 앞에 독선적인 내셔널리즘을 배척하고 책임 있는 국제사회의 일원으로서 국제 협조를 촉진하며, 이를 통해 평화 이념과 민주주의를 확산시켜야만 합니다. 동시에 일본은, 유일하게 피폭을 당한 나라로서 그 체험을 살려 핵병기의 궁극적 폐기를 지향하고, 핵불확산체제 강화 등, 국제적인 군축을 적극적으로 추진해 가는 일이 중요합니다. 이것이야말로 과거에 대한 속죄이며 희생되신 분들의 영혼을 달래는 일이라고, 저는 믿습니다.

'장막여신杖莫如信'(신의보다 더 의지할 만한 것은 없다는 뜻)이라고 합니다. 이 기념해야 할 날에 부쳐, 신의를 정치의 근간으로 삼을 것을 내외에 표명하며, 이것이 곧 저의 맹세입니다.

미야자와 담화

'역사 교과서'에 관한 미야자와 내각관방장관 담화

하나, 일본 정부 및 일본 국민은 과거 일본의 행위가 한국·중국을 포함한 아시아 국가 국민에게 크나큰 고통과 손해를 끼친 일을 깊이 자각하고, 이러한 일을 두 번 다시 반복하지 않겠다는 반성과 결의 위에 평화 국가로서의 길을 걷고자 한다. 일본은, 한국에 대해서는 1965년 한일공동성명에서 '과거의 관계는 유감이며 깊이 반성하고 있다'는 인식을, 중국에 대해서는 일중공동성명에서 '과거 전쟁에서 일본국이 중국 국민에게 중대한 손해를 끼친 일에 책임을 통감하며, 깊이 반성한다'는 인식을 고했는데, 이것도 앞서 말한 일본의 반성과 결의를 확인한 것이고, 현재에도 이 인식에는 어떤 변화도 없다.

둘, 이러한 한일공동성명, 중일공동성명의 정신은 일본 학교 교육, 교과서 검정에서도 당연히 존중받아야 할 것인데, 지금 한국, 중국 등에서 이러한 점에 관한 일본 교과서 기술에 대해 비판이 일고 있다. 일본으로서는 아시아 이웃 국가들과의 우호, 친선을 도모하는 데 있어 이러한 비판에 충분히 귀를 기울이고, 정부가 책임지고 시정하겠다.

셋, 이를 위해 앞으로 교과서 검정 시에는 '교과용도서검정심의위원회'의 토의를 거쳐 검정 기준을 개정하고, 앞서 기술한 취지가 충분히 실현되도록 조치할 것인데, 임시 조치로서 문부대신이 소견을 밝히고, 앞서 기술한 '둘째 항목'의 취지를 교육 현장에 충분히 반영하도록 할 것이다.

넷, 일본은 앞으로 이웃 국민과의 상호 이해 촉진과 우호협력 발전을 위해 노력하고 아시아, 나아가 세계 평화와 안정에 기여해 가고자 한다.

아베 담화

2015년 8월 14일

내각 총리대신 담화

종전 70년을 맞아, 대전大戰에 이른 길, 전후의 행보, 20세기라는 시대를 우리는 조용히 돌아보고, 그 역사의 교훈으로부터 미래를 향한 지혜를 배워야 한다고 생각합니다.

백 년도 더 전에 세계에는, 서양 국가들을 중심으로 한 여러 나라의 광대한 식민지가 펴져 있었습니다. 압도적인 기술 우위를 배경으로, 식민지 지배의 물결은 19세기 아시아에도 밀려들었습니다. 그 위기감이 일본 근대화의 원동력이 되었다는 점은 틀림없습니다. 아시아에서 최초로 입헌 정치를 수립하고, 독립을 지켜 왔습니다. 러일전쟁은 식민지 지배하에 있던, 많은 아시아와 아프리카 사람에게 용기를 주었습니다.

세계가 휩쓸린 제1차세계대전을 거쳐 민족 자결 움직임이 퍼지고, 식민지화에 제동이 걸렸습니다. 이 전쟁은 전사자를 1000만 명이나 낸, 비참한 전쟁이었습니다. 사람들은 '평화'를 염원하였고, 국제연맹을 창설하고, 전쟁 포기에 관한 조약을 만들었습니다. 전쟁 자체를 위법화하는, 새로운 국제사회의 조류가 생겨났습니다.

당초에는 일본도 보조를 맞추었습니다. 하지만 세계공황이 발생하고, 구미 국가들이 식민지 경제를 끌어들인 경제 블록화를 진행하자, 일본 경제는 커다란 타격을 받았습니다. 그런 가운데 일본은 고립감이 깊어져 외교적, 경제적인 궁지를 무력행사로 해결하고자 했습니다. 국내 정치 시스템은 그것을 막지 못했습니다. 이렇게 일본은 세계의 대세에서 벗어났습니다.

만주사변, 그리고 국제연맹 탈퇴. 일본은 점점 국제사회가 장절한 희생 위에 구축하려 한 '새로운 국제 질서'를 향한 '도전자'가 되었습니다. 나아가야 할 길을 벗어나, 전쟁을 향한 길로 갔습니다.

그리고 70년 전. 일본은 전쟁에 패했습니다.

전후 70년을 맞아 죽음을 당한 국내외 모든 분의 목숨 앞에 깊이 고개를 숙이며 몹시 애석하고 안타까운 마음을 전하고, 영원한 애절함을 바칩니다.

대전에서는 300만 여 동포가 목숨을 잃었습니다. 조국의 앞날을 걱정하여, 가족의 행복을 바라며 싸움터에 산산이 흩어진 분들. 종전 후 얼어붙는, 혹은 작렬하는 먼 이국땅에서 굶주리고 병들어 괴로워하며 돌아가신 분들. 히로시마와 나가사키 원자폭탄 투하, 도쿄를 비롯해 각 도시에서 벌어진 폭격, 오키나와 지상전 등에서 많은 서민이 무참하게 희생되었습니다.

교전 국가들에서도 장래가 창창한 젊은이들이 수없이 목숨을 잃었습니다. 중국, 동남아시아, 태평양의 섬들 등, 전장이 된 지역에서는 전투뿐 아니라, 식량난 등에 의해 많은 무고한 국민이 고통받고, 희생되었습니다. 전장의 그늘에는 명예와 존엄에 깊은 상처를 입은 여성들이 있었던 일도 잊어서는 안 됩니다.

아무 죄도 없는 사람들에게 헤아릴 수 없는 손해와 고통을, 일본이 끼친 사실. 역사는 정말로 돌이킬 수 없는, 가혹하고 격렬한 것입니다. 한 사람 한 사람에게, 저마다 인생이 있고, 꿈이 있고, 사랑하는 가족이 있었다는, 이 당연한 사실을 곱씹을 때, 지금도 할 말을 잃고, 그저 애끓는 마음을 금할 수 없습니다.

이토록 고귀한 희생 위에 현재의 평화가 있습니다. 그것이 전후 일본의 원점입니다.

두 번 다시 전쟁의 참화를 반복해서는 안 됩니다.

사변, 침략, 전쟁. 어떠한 무력 위협과 행사도, 두 번 다시 국제 분쟁을 해결하는 수단으로 쓰여서는 안 됩니다. 식민지 지배와 영원히 결별하고, 모든 민족의 자결권이 존중되는 세계를 만들어야 합니다.

지난 대전에 대한 깊은 반성과 깨달음 속에서 일본은 그렇게 맹세했습니다. 자유롭고 민주적인 나라를 만들고, 법의 지배를 중시하고, 전쟁하지 않겠다는 맹세를 한결같이 지켜왔습니다. 70년에 이르는 평화 국가로서의 발걸음에, 우리는 조용히 자긍심을 품으며, 이 움직일 수 없는 방침을 앞으로도 굳게 지켜 나가겠습니다.

일본은 지난 대전에서 행한 일들에 대해 반복해서, 통절한 반성과 진심 어린 사과의 마음을 표명해 왔습니다. 그 마음을 실제 행동으로 나타내기 위해 인도네시아, 필리핀을 비롯한 동남아시아 각 나라들, 대만, 한국, 중국 등 이웃인 아시아 사람들이 걸어 온 고난의 역사를 가슴에 새기고, 전후 한결같이 그 평화와 번영을 위해 힘을 쏟아 왔습니다.

이러한 역대 내각의 입장은 앞으로도 흔들리지 않을 것입니다.

다만, 우리가 어떠한 노력을 기울여도, 가족을 잃은 분들의 슬픔, 전화에 의해 참혹한 고생을 한 사람들의 괴로운 기억은, 앞으로도 결코 치유되지 않겠지요.

그렇기에 우리는 마음에 새겨야 합니다.

전후 600만 명이 넘는 귀환자가 아시아태평양 각지에서 무사히 돌아와, 일본 재건의 원동력이 된 사실을. 중국에 남겨진 3000명 가까운 일본인의 아이들이 무사히 성장하여 다시 조국 땅을 밟을 수 있었다는 사실을. 포로로 잡혔던 미국과 영국, 네덜란드, 호주 사람들이 오랜 세월에 걸쳐 일본을 방문해, 서로의 전사자를 위한 위령을 계속하고 있다는 사실을.

전쟁의 고통을 맛본 중국인 여러분과 일본군에게 견딜 수 없는 고통을 받은 옛 포로 여러분이 그렇게 관용을 베풀게 되기까지, 얼마만큼 마음의 갈등을 겪고 얼마나 많은 노력이 필요했을지.

그것을 우리는 생각해야 합니다.

관용 덕분에 일본은 전후 국제 사회에 복귀할 수 있었습니다. 전후 70년이 지난 지금, 일본은 화해를 위해 힘써 주신 모든 국가, 모든 분에게, 진심으로 감사의 마음을 전하고 싶습니다.

지금 일본은 전후에 태어난 세대가 인구의 80퍼센트를 넘었습니다. 그 전쟁과 아무런 관련이 없는 우리 자식과 손자, 그리고 더 후세대 아이들에게 계속 사과해야 하는 숙명을 지워서는 안 됩니다. 하지만 그렇기에 더욱, 우리 일본인은 세대를 넘어 과거의 역사를 똑바로 마주해야 합니다. 겸허한 마음으로 과거를 계승하여 미래에 전달할 책임이 있습니다.

우리의 부모, 부모의 부모 세대가 전후 잿더미와 가난의 수렁 속에서 생명을 이을 수 있었다. 그리고 현재 우리 세대, 또한 다음 세대로, 미래를 이어갈 수 있습니다. 선인들의 끊임없는 노력과 더불어 적으로서 치열하게 싸운 미국, 호주, 유럽 각국을 비롯해, 정말 많은 국가가 은원을 넘어 선의와 지원의 손길을 뻗어 준 덕분입니다.

그 사실을 우리는, 미래를 향해 전해 주어야 합니다. 역사의 교훈을 가슴 깊이 새겨 더 나은 미래를 개척하고, 아시아 그리고 세계 평화와 번영에 힘을 다하는, 큰 책임이 있습니다.

우리는, 우리의 궁지를 힘으로 타개하려고 한 과거를 계속하여 가슴에 새기겠습니다. 그렇기에, 일본은 어떤 분쟁이든 법의 지배를 존중하고, 힘을 행사하는 것이 아니라 평화적·외교적으로 해결해야 합니다. 이 원칙을 앞으로도 굳게 지키고 세계 각국에 촉구하겠습니다. 유일한 전쟁 피폭국으로서 핵무기 확산 방지, 궁극에는 폐기를 목표로 국제 사회에서 그 책임을 이행해 나가겠습니다.

우리는 20세기에 전쟁을 치르면서 많은 여성의 존엄과 명예가 깊이 상처 입은 과거를 계속 가슴에 새기겠습니다. 그렇기에 더욱 일본은, 그런 여성들의 마음에 항상 가까이 다가서는 국가이고 싶습니다. 21세기야말로 여성의 인권이 침해를 받지 않는 세기가 되도록 세계를 선도하겠습니다.

우리는 경제의 블록화가 분쟁의 싹을 키운 과거를 계속 가슴에 새길 것입니다. 그럼으로써 일본은 어떤 나라의 자의恣意에도 좌우되지 않는, 자유롭고 공정하고 열린 국제 경제 체제를 발전시키고, 개발도상국 지원을 강화하고, 세계가 더욱 번영하도록 이끌어 나갈 것입니다. 번영이야말로 평화의 초석입니다. 폭력의 온상이 되기도 하는 빈곤에 맞서, 세계 모든 사람에게 의료와 교육, 자립의 기회를 제공하기 위해 더욱 힘쓰겠습니다.

우리는 국제 질서에 도전자가 되었던 과거를 가슴에 계속 새기겠습니다. 일본은 자유, 민주주의, 인권과 같은 기본적 가치를 흔들림 없이 견지하고, 그 가치를 공유하는 국가들과 손잡고 '적극적 평화주의'의 기치를 높이 들고 세계 평화와 번영에 어느 때보다 더 기여하겠습니다.

종전 80년, 90년, 100년을 향해서, 그런 일본을 국민 여러분과 함께 만들어 가고 싶습니다. 그런 결의입니다.

■ 일본에서 행해진 일본군 성폭력 피해자 재판

① 아시아태평양전쟁 한국인 희생자 보상 청구 소송

제소인: 김학순 등 '위안부' 피해자 9명과 전직 군인·군속

1991년 12월 6일 도쿄지방재판소에 제소

2001년 3월 26일 도쿄지방재판소에서 청구 기각

2003년 7월 22일 도쿄고등재판소에서 청구 기각

2004년 11월 29일 최고재판소에서 상고기각·판결

[해설] '위안부' 피해자라고 처음 밝히고 나선 김학순 등 할머니
들이 제소(김학순 할머니는 1997년 서거). 지방재판소 판결은
사실을 인정했지만 법적 주장은 인정하지 않고 청구를 기
각. 고등재판소에서는 강제노동조약 위반, 추업조약[●] 위반
등의 국제법 위반을 지적하고 일본 정부의 안전배려의무 위
반을 인정. '국가무답책'^{●●} 법리에 대해서도 "현행 헌법하에
서는 정당성, 합리성을 찾아내기 어렵다."라고 고등재판소
에서는 처음으로 부정했다. 그럼에도 청구는 기각되었다.

●   1950년 3월 21일 뉴욕에서 체결된 '인신매매 금지 및 타인의 매춘행위
에 의한 착취금지에 관한 최종의정서'를 말한다. 한국은 1962년 5월 14일에 발
효되었다.
●●   국가는 책임지지 않는다는 법리로, 일본이 책임 회피 근거로 삼았다.

② 부산 '종군위안부'·여자근로정신대 공식 사죄 등 청구 소송

제소인: 하순덕 등 3명의 '위안부' 피해자와 여자근로정신대 일 곱 명

1992년 12월 25일 야마구치지방재판소 시모노세키지부에 제소

1998년 4월 27일 야마구치지방재판소 시모노세키지부에서 일부 승소

2001년 3월 29일 히로시마고등재판소에서 전면 패소

2003년 3월 25일 최고재판소에서 상고 기각·불수리 결정

[해설] 부산시 등의 일본군 '위안부' 피해자 세 명과 여자근로정 신대 일곱 명을 원고로 하는 재판. 한국 사회에서 '위안부'는 오랫동안 '정신대'와 동의어로 쓰였고, 성폭력 피해자와 군수 공장 강제 동원 피해자는 혼동되어 왔다. 1998년 시모노세 키 판결은 '위안부' 원고의 피해에 대해서는 "철저한 여성 차 별과 민족 차별 사상의 표출"이라고 인정하며, 일본에 입법 부작위°에 의한 배상을 명했다. 하지만 정신대 원고 청구는 기각되었다. 히로시마고등재판소에서 패소. 최고재판소에 서 기각 결정.

°   마땅히 하여야 할 일을 일부러 하지 아니함

③ 필리핀 '종군위안부' 국가보상 청구 소송

제소인: 마리아 로사 루나 헨슨, 토마사 살리녹, 앤 거트루드,
발리살리사 등 46명

1993년 4월 2일 18명이 도쿄지방재판소에 제소

1993년 9월 20일 28명이 추가 제소

1998년 10월 9일 도쿄지방재판소에서 청구 기각

2000년 12월 6일 도쿄고등재판소에서 청구 기각

2003년 12월 25일 최고재판소에서 상고 기각·불수리 결정

[해설] 필리핀의 피해 특징은, 가족이 학살당하는 가운데, 총검
으로 위협당해 일본군 주둔지 등으로 납치 감금되어 성노
예가 된 것이다. 피해자의 70퍼센트는 미성년자. 1심에서
9명의 본인 신문을 했지만, 재판관은 피해 여성 목에 있는
상흔 확인을 거부했다. 증인 신문은 국제인도법학자 칼스
호벤 씨 단 한 명이었다. 그는 '허그조약 3조는 개인의 청구
권을 정한 것'이라고 증언했다. 상고 기각은 크리스마스 날.
"적어도, 피해 사실을 인정해 주기 바랐다!" 비통한 울부짖
음은 계속된다.

④ 재일한국인 '종군위안부' 사죄·보상 청구 소송

제소인: 송신도

1993년 4월 5일 도쿄지방재판소에 제소

1999년 10월 1일 도쿄지방재판소에서 청구 기각

2000년 11월 30일 도쿄고등재판소에서 청구 기각

2003년 3월 28일 최고재판소에서 상고 기각·불수리 결정

[해설] 송신도 씨는 재일한국인 피해자로서는 유일한 원고이
다. 살면서 여러 가지 제약, 차별·편견 속에서 재판을 계속
하기가 쉽지 않았다. 지방재판소 판결에서는 중국 대륙에서
부대와 함께 이동해야만 한 7년에 걸친 피해 사실이 인정되
었다. 고등재판소에서는 처음으로 '강제노동조약과 추업조
약을 위반하는 행위가 있었고 국제법상의 국가책임이 발생
했다'고 인정했다. 하지만 모두 국가무답책, 제소 기간을 이
유로 거부했다.

⑤ 네덜란드인 포로·민간 억류자 손해배상 청구 사건

제소인: '위안부' 피해자 1명과 포로·억류자 7명

1994년 1월 25일 도쿄지방재판소 제소

1998년 11월 30일 도쿄지방재판소에서 청구 기각

2001년 10월 11일 도쿄고등재판소에서 청구 기각

2004년 3월 30일 최고재판소에서 상고 기각·불수리 결정

[해설] 구 네덜란드령 동인도(인도네시아)에서 10만여 명 네덜란드 민간인이 일본군에게 억류되었다. 이 억류자 중에서 젊은 여성이 '위안부'로 징발되었다. 억류 생활은 3년 넘게 이어졌는데, 특히 갓난아기부터 아직 미성년이었던 소년 소녀 들의 트라우마는, 성인이 된 후에도 여러 가지 장해를 불러일으켰다. 허그조약 3조를 바탕으로, 인도법 위반과 손해 배상이 국제법으로서 종래부터 인정되어 왔다고 주장했지만 1, 2심 모두 국제법은 개인의 청구권을 보장하는 것이 아니라며 기각. 상고도 기각되었다.

⑥ 중국인 '위안부' 손해배상 청구 소송 제1차

제소인: 리슈메이李秀梅, 리우미엔환劉面煥, 천린타오陳林桃, 저우시샹周喜香

1995년 8월 7일 도쿄지방재판소에 제소

2001년 5월 30일 도쿄지방재판소에서 청구 기각

2004년 12월 15일 도쿄고등재판소에서 청구 기각

2007년 4월 27일 최고재판소에서 상고 기각·불수리 결정

[해설] 지방재판소에서는 21회의 구두변론이 열렸고, 원고 3명의 본인 신문(다른 1명은 비디오 증언), 2명의 의견 진술, 국제법 학자 증인의 신문이 이루어졌다. 하지만 지방재판소 판결에서는 사실인정도 하지 않고 청구가 기각되었다. 고등재판소에서는 11회의 구두변론이 열렸고, 공소인 1명과 전직 일본군 병사, 역사학자의 증인 신문, 공소인 2명의 의견 진술이 있었다. 고등재판소 판결에서는, 사실인정은 되었지만, 법률론으로는 국가무답책·제소 기간으로 패소했다.

⑦ 중국인 '위안부' 손해배상 청구 소송 제2차

제소인: 궈시추이郭喜翠, 허우차오롄侯巧蓮(1999년 5월 서거)

1996년 2월 23일 도쿄지방재판소에 제소

2002년 3월 29일 도쿄지방재판소에서 청구 기각

2005년 3월 18일 도쿄고등재판소에서 청구 기각

2007년 4월 27일 최고재판소에서 상고 기각·판결

[해설] 지방재판소에서는 22회 구두변론이 열렸고, 원고 2명이 본인 신문을 받았다. 판결에서 청구는 기각되었지만, 상세한 사실 인정과 현재까지 PTSD* 피해를 받고 있다는 점

이 인정되었다. 고등재판소에서는 8회 구두변론을 열고, 공소인(故 허우차오롄의 장녀)과 현지에서 조사한 증인을 신문했다. 고등재판소에서는 지방재판소 판결 중 사실인정과 PTSD 인정은 유지되었고, 국가무답책 법리를 배척하고, 일본국의 불법행위 책임은 인정하면서, 일화日華평화조약으로 이미 해결되었다며 청구를 기각했다. 최고재판소 판결은 "일중 공동성명(제5항)에서 방기했다."며 기각 이유를 변경하여 상고를 기각했다.

⑧ 산시성 성폭력 피해자 손해배상 청구 소송

제소인: 완아이화万愛花, 짜오룬메이趙潤梅, 난아르푸南二僕(고인)
외 7명
1998년 10월 30일 도쿄지방재판소에 제소
2003년 4월 24일 도쿄지방재판소에서 청구 기각
2005년 3월 31일 도쿄고등재판소에서 청구 기각
2005년 11월 18일 최고재판소에서 상고 기각·불수리 결정
[해설] 지방재판소에서는 16회 변론이 열렸고, 원고 10명 중

•   외상 후 스트레스 장애

194

8명의 본인 신문과 피해지에서의 목격 증인 2명의 증인 신문이 있었다. 지방재판소에서 청구는 기각되었지만 피해 사실은 거의 전면적으로 인정되어 일본군에 의한 가해 행위를 "현저하게 상궤*를 벗어난 비열한 만행"이라고 단죄. 입법적·행정적인 해결이 요망된다는 취지의 이례적인 부언을 달았다.

고등재판소 판결에서는 지방재판소 판결의 사실인정과 부언이 다시 확인되었고 법률론으로도 논파**했지만 국가무답책으로 패소하였다.

⑨ 대만인 '위안부' 피해자 손해배상 청구 소송

제소인: 가오바오주高寶珠, 후앙아타오黃阿桃 외 9명(그중 2명은 소송 진행 중 서거)

1999년 7월 14일 도쿄지방재판소에 제소

2002년 10월 15일 도쿄지방재판소에서 청구 기각

2004년 2월 9일 도쿄고등재판소에서 청구 기각

2005년 2월 25일 최고재판소에서 상고 기각·불수리 결정

* 　　언제나 따라야 하는 떳떳하고 올바른 길
** 　　논하여 남의 이론이나 학설 따위를 깨드림

[해설] 1992년 전문조사위원회에 의한 조사 결과, 대만인 여성 48명의 피해 사실이 확인되었다(2005년 5월 현재 30명). 대만의 피해 형태는 다음 두 종류가 섞여 있다. 하나는 일자리가 있다는 말에 속아서 해외 '위안소'로 끌려간 한민족 여성들, 또 하나는 부락 근처에 주둔한 일본군의 잡일을 제안받고 매일 다니던 중 이윽고 강간이 계속된 원주민 여성들. 일본 정부의 사죄와 배상을 요구한 소송은 사실인정조차 하지 않은 1심 판결을 2심에서 지지하여 판결이 확정되었다.

⑩ 하이난섬 전시戰時 성폭력 피해 배상 청구 소송

제소인: 쳰야피엔陳亞扁, 린야진林亞金, 후앙유리앙黃有良 등 8명 (그중 2명은 소송 진행 중 서거)
2001년 7월 16일 도쿄지방재판소에 제소
2006년 8월 30일 도쿄지방재판소에서 청구 기각
2009년 3월 26일 도쿄고등재판소에서 청구 기각
2010년 3월 2일 최고재판소에서 상고 기각·불수리 결정
[해설] 일본군은 남진 기지와 자원 획득을 위해 1939년부터 하이난섬을 점령. 원고(하이난섬 소수민족 여성)는 주둔지에 납치·감금되어, 일본군이 투항할 때까지 반복해서 성폭력을

당했다. 전쟁 중 받은 피해와 전후 일본 정부의 부작위不作爲
에 대해 손해배상을 청구. 지방재판소·고등재판소 모두 사
실을 인정했고, 고등재판소에서는 "파국적 체험 후의 지속
적 인격 변화"가 인정되었다. '국가무답책' 법리는 부정되었
지만, 일중공동성명(제5항)에 의해 배상 청구권이 방기된 것
으로 보고 공소 기각. 고등재판소에서 기각 결정.*

* 　〈일본에서 진행된 일본군 성폭력 피해자 재판〉은 액티브 뮤지엄 〈여성
들의 전쟁과 평화 자료관〉(wam, women's active museum on war and peace) 사이
트에서 인용 _고분켄 편집부 주

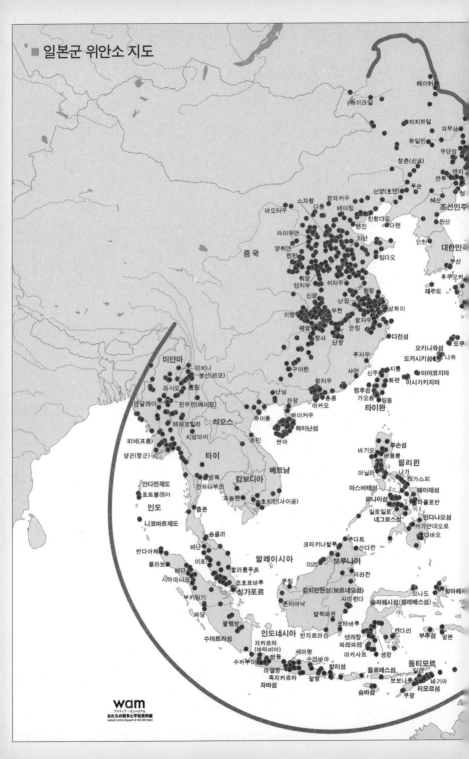

■ 일본군 위안소 지도

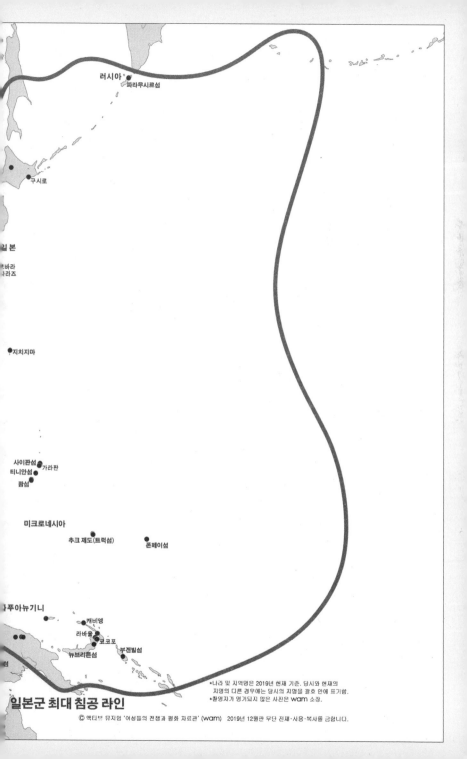

러시아
파라무시로섬

구시로

일본
바라
라즈

지치지마

사이판섬
가라판
티니안섬
괌섬

미크로네시아
추크 제도(트럭섬)
폰페이섬

파푸아뉴기니
캐비엥
라바울
코코포
뉴브리튼섬
부겐빌섬
섬

일본군 최대 침공 라인

*나라 및 지역명은 2019년 현재 기준. 당시와 현재의
 지명이 다른 경우에는 당시의 지명을 괄호 안에 표기함.
*촬영자가 명기되지 않은 사진은 wam 소장.

ⓒ 액티브 뮤지엄 '여성들의 전쟁과 평화 자료관' (wam) 2019년 12월판 무단 전재·사용·복사를 금합니다.

2017년 9월 12일, "치비치리가마가 습격당했다!"고 친구가 페이스북에 올렸다.

치비치리가마는 오키나와현 요미탄 마을에 있으며 나미히라 주민이 피난했던 동굴로 미군이 상륙한 1945년 4월 2일에 피난한 140명 중 85명이 '집단자결'을 했다. 평화 학습의 장으로서 소중하게 관리해 온 동굴 속에는 많은 유품이 당시 모습 그대로 보존되어 있고 그 안에 들어가는 일은 없었다. 그 동굴이 습격당했다. 입구의 간판은 내동댕이쳐졌고 천 마리 학은 찢기고 동굴 안의 유품 등도 파괴되었다.

"우파 세력은 그런 짓까지 하는 거야!"

1월 2일에 방송된 도쿄MX TV 〈뉴스 여자〉에서, 오키나와

200

다카에의 미군 헬기장 기지 건설 반대 운동에 대해 '매스컴에서 보도하지 않는 진실'이라는 타이틀로 확인되지 않은 거짓 정보를 내보내고, 혐오 연설 해소법 시행 후에도 가와사키 등지에서 혐오 데모를 계획하는 등, 오키나와와 재일 한국인들에 대한 증오라고도 할 수 있는 일이 일어나고 있었기 때문이다. 한층 더해서 9월 1일 관동대지진 조선인 희생자 추도식에 매년 보내던 추도사를 고이케 도쿄도지사가 보내지 않겠다고 표명했다.

있지도 않은 일을 있던 걸로 하려고 하거나 있던 일을 없었던 일로 하려 하는 움직임과 역사를 망각하려고 하는 분위기가 점점 강해진다고 느꼈다.

그런데 치비치리가마를 파괴한 것은 16세부터 19세 소년들이었다. 경찰이 발표한 동기는 '담력 시험과 장난'이었다. 그 발표에 나는 오히려 암담해졌다. 오키나와전이란 무엇인가, 왜 여기서 많은 사람이 '집단자결'에 몰렸는가, 그런 일들이 젊은 세대에게 전혀 계승되지 않았던 것이다.

전쟁 때문에 비명횡사하거나 인생을 파괴당한 사람들의 비참한 체험은 무엇을 말하는가? 그것은 단순한 비극이 아니다. 끝난 과거의 일도 아니다.

그 진실을 알고, 기억하고, 미래의 평화를 쌓기 위해 계승해 가는 것, 그것이 우리가 배워야 할 것 아닐까? 체험을 그저 듣 기만 하는 게 아니라 질문을 던지고, 그 답을 모색해 가는 프로 세스를 소중히 해야 한다. '전쟁은 안 돼' '평화가 좋아'라는 말 을 아무리 늘어놔도 본질에 가 닿지 않을 뿐 아니라 모양뿐이 어서는 시간이 지나면 잊히게 마련이다. 교사로서 내가 해 온 평화 학습에 대해, 다시금 돌아볼 필요성을 느꼈다.

'위안부' 문제를 20년에 걸쳐 가르쳐 왔다. 이 일이 어째서 공 격 대상이 되거나 주목을 받는 걸까? 최근에는 유일하게 '위안 부' 이야기를 기술한 '마나비샤'의 중학교 사회 교과서를 채택 한 사립학교 등에, 같은 내용의 협박성 엽서가 대량으로 날아 들어 큰 화제가 되었다. 전쟁의 본질에서 눈을 돌리고, 전쟁을 미화시켜 가르치고, 그럼으로써 일본인이라는 자긍심을 심으 려고 하는 사람들이 있다. 그 행위가 결국 오키나와전의 진실 과 미군기지 문제에서 눈을 돌리게 만들고 관동대지진 때 벌어 진 조선인 대학살을 없던 일로 하려는 움직임과 연동하고 있 다. 이것이 혐오 연설과 혐오 데모를 유인한다고 볼 수 있지 않 을까?

내가 아무리 공격을 당해도 꺾이지 않는 것은 역사 가르치는 일을 직업으로 삼아 미래를 만들어 갈 아이들과 마주하고 있기 때문이다. 아이들이 역사를 배울 기회는 거의 학교뿐이다. 오키나와와 히로시마, 나가사키로 가는 수학여행, 그리고 평화 학습, 역사상 전쟁에 대한 학습. 요즘 중학생들에게 들어 보면 중국과 북한, 한국에 대한 이미지가 좋지 않다는 걸 잘 알게 된다. 그 책임의 한 부분은 정치에 있다고 믿어 의심치 않는다. 근린 국가들에게 나쁜 감정만 갖도록 공연히 적대심을 부채질하기 때문이다. 그렇기에 더욱 아이들에게 전하고 싶다. 전쟁의 본질을.

지난 10년 동안 온갖 공격에 노출되어 왔다. 그럼에도 압력에 계속 저항해 왔다. 진리, 진실 위에 선 과학적 계통적인 역사 교육을 지향하는 역사교육자협의회, 그리고 학교에서 교육활동의 자유를 지키기 위해 노력하는 교직원조합 동료들의 지지가 있었기 때문이다. 처음 재특회에게 공격당했을 때, 가장 먼저 격려하고 지지해 준 사람이 리쓰메이칸우지중고등학교의 혼조 유타카本庄豊 씨였다. 그 뒤로 연구와 집필에 대해서도 이끌어 주었다.

고분켄의 마나베 가오루 씨한테 "위안부' 문제 수업을 소개할 뿐만 아니라 아이들과 주거니 받거니 하면서 인간관계를 쌓고 역사 인식과 인권 의식에 의문을 던져 온 이야기를 써 달라.”는 말을 들었을 때, 아이들 이야기라면 쓸 수 있을 것 같다며 받아들였다. 교사가 된 뒤로 만나 온 아이들이야말로 나를 교사로 키워 준 소중한 존재이다. 그렇기에 ‘위안부’ 교육 실천과 함께 아이들의 모습을 남기고 싶었다. 출판을 열심히 권하고 힘써 준 마나베 씨에게 깊은 감사를 전한다.

끝으로 이 책을 일본군에 의해 짓밟힌 ‘위안부’ 분들에게 바치고 싶다. 그리고 앞으로도 계속해서 ‘위안부’ 문제를 가르칠 생각이다.

2017년 9월 22일
히라이 미쓰코

요즘 인터넷 서핑을 하다 보면, 험악해진 한일 관계를 그대로 보여주듯 '전쟁'이라는 말이 종종 보입니다. 그걸 볼 때면 섬뜩하면서 답답해집니다. '전쟁'을 겪지 않은 세대가 그 말을 너무 쉽게 입에 올리기 때문입니다. 그 말에 어떤 것들이 담겨 있는지를 생각하지 않기 때문입니다. 저희 부모님은 일제 강점기를 거쳐 전쟁을 겪었습니다. 그때의 역사를 알면 알수록, '내가 그 시대에 태어나지 않아 다행'이라는 이기적인 생각을 하게 됩니다. 그리고 앞으로는 전쟁이 일어나지 않기를 바라지요.

한국에서 정규 교육을 받은 사람이라면 누구나 국사 시간에 배웠을 것입니다. 일본이 패전 후 군대를 가질 수 없게 되었다는 사실 말입니다. 실제로는 자위대를 운영하고 있지만, 기본적으로는 헌법 9조에서 전쟁 금지를 규정하고 있습니다. 그렇기에 평화 헌법이라 불리는 것이고, 극우 세력에서는 이를 개정해 전쟁이 가능한 국가를 만들고 싶어 하는 것이죠.

이러한 움직임을 막기 위해 노력하는 사람은 누구일까요? 전쟁의 참혹함을 아는 이들입니다. 그리고 정의로운 시민들입니다. 몇 년 전 신주쿠 역에서 서명을 받던 백발노인들이 생각납니다. 그분들은 전쟁을 겪은 세대였지요. 만족스럽지는 않지만, 이전에 사과 담화를 발표했던 일본 정부 관리들도 그렇습니다. 그런데 그 세대는 점점 줄어들고, 이제는 전쟁을 모르는 세대가 더 많아졌다고 합니다. 걱정스러운 사실입니다.

한국도 마찬가지 아닐까요? 위안부 당사자들은 이제 몇 분 남지 않았고, 일본 극우와 똑같은 말로 역사를 왜곡하는 세력도 있습니다. 그들은 말합니다. 일본 덕에 근대화되었고 위안부는 없었다고. 이런 말이 놀라움을 넘어 걱정스러운 것은, 전쟁을 겪지 않은 세대가 더 많아진 지금 젊은이들이 왜곡된 인식에 현혹되기도 쉽다는 사실입니다. 역사 교육을 제대로 하지 못한다면 어찌 될지…….

《위안부 문제를 아이들에게 어떻게 가르칠까?》에서 다루는 문제는 위안부 문제만이 아닙니다. 전쟁으로 인한, 그리고 현재진행형인 성폭력을 다루고 있습니다. 일본 내 미군기지의 70퍼센트가 모여 있는 오키나와에서는 여전히 미군들의 성폭력이 이어지고 있습니다. 한국에도 그런 도시가 있었습니다. 지금은 미군이 철수하고 없지만, 과거 그곳에서 일어난 끔찍한 여성 살해 사건이 떠오릅니다. 미군이 주둔하는 동안 그런 사건이 끊이지 않았지요. 하루빨리 오키나와에도 평화가 찾아오기를 바랍니다.

이 책을 번역하면서 참 많은 생각이 교차했습니다만, 전쟁이 일어나면 가장 먼저 피해를 보는 것은 가장 약한 사람들입니다. 내 가족일 수도 있고 친구일 수도 있으며 이웃일 수도 있습니다. 이 사실을 결코 잊어서는 안 됩니다. 부디 '전쟁'이란 말이 사라지기를 바랍니다.

그리고 온갖 난관에도 꺾이지 않고 올바른 역사 교육을 위해 애쓰시는 히라이 선생님에게 고마움을 전합니다.

위안부 문제를 아이들에게
어떻게 가르칠까?

초판 1쇄 인쇄 ㅣ 2020년 3월 20일
초판 1쇄 발행 ㅣ 2020년 3월 25일

지은이 히라이 미쓰코
옮긴이 윤수정
책임편집 조성우
편집 손성실
마케팅 이동준
디자인 권월화
용지 월드페이퍼
제작 성광인쇄(주)
펴낸곳 생각비행
등록일 2010년 3월 29일 ㅣ 등록번호 제2010-000092호
주소 서울시 마포구 월드컵북로 132, 402호
전화 02) 3141-0485
팩스 02) 3141-0486
이메일 ideas0419@hanmail.net
블로그 www.ideas0419.com